기적수업 강해
서문편

Foundation for A COURSE IN MIRACLES ®
41397 Buecking Drive
Temecula, CA 92590

Copyright 2005 by the
Foundation for A COURSE IN MIRACLES ®

All rights reserved under International and Pan-American Copyright Conventions. No part of this book may be reproduced or transmitted in any form or by any means, electronic or mechanical, including photocopying, recording, or by any information storage and retrieval system, without permission in writing from the publisher. For information, contact the Director of Publications at the Foundation for A COURSE IN MIRACLES® • 41397 Buecking Drive • Temecula, CA 92590.

이 책의 한국어판 저작권은 저작권자와 독점 계약한 도서출판 기적수업에 있습니다. 신저작권법에 의해 한국 내에서 보호를 받는 저작물이므로 무단전재와 무단복제를 금합니다.

이 도서의 국립중앙도서관 출판예정도서목록(CIP)은 서지정보유통지원시스템 홈페이지(http://seoji.nl.go.kr)와 국가자료공동목록시스템(http://www.nl.go.kr/kolisnet)에서 이용하실 수 있습니다.
(CIP제어번호: CIP2015024506)

기적수업 강해
서문편

케네쓰 왑닉 지음
김 지 화 옮김
구 정 희 감수

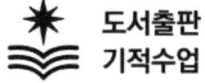
도서출판
기적수업

초판1쇄 발행 2015년 10월 9일
펴 낸 이 | 구정희, 김지철
옮 긴 이 | 김지화
편   집 | 구정희
교   정 | 강형규, 이우형, 황신혜
표지디자인 | 김수정
펴 낸 곳 | 도서출판 기적수업
주   소 | 158-803 서울특별시 양천구 목동중앙본로 17길 20
전   화 | 070-4149-9114
홈 페 이 지 | acimkorea.org 기적수업한국모임
이 메 일 | acimkr@naver.com

ISBN 979-11-950623-3-1 03120

이 책이 집을 향한 여행길에 오른 모든 이들에게
밝은 등불이 되어줄 수 있기를 기도합니다.

옮긴이 김지화

저자 케네쓰 왑닉

케네쓰 왑닉 박사는 브룩클린에 있는 유대교 집안에서 성장하였다. 그는 유대교 초등학교에서 교육을 받았으나, 13살이 되던 해에 유대교뿐만 아니라 다른 모든 종교에 대해서도 흥미를 잃었다. 그는 한 때 불가지론에 빠지는 것과 동시에 클래식 음악의 세계에 점점 흥미를 넓혀갔다. 특히 베토벤과 모차르트의 음악에 심취했던 그는 두 거장의 음악을 통해 생명을 창조하신 사랑의 하나님이 정말로 계시다는 것을 인식하게 되었다. 1968년 그는 16세기 스페인 아빌라의 성녀 데레사가 경험한 신비주의 체험에 관한 논문으로 임상심리학 박사 학위를 받았다.

1970년 왑닉 박사는 뉴욕 주립 정신병원에서 수석 심리학자로 2년간 일하면서 조용히 개인적인 생활을 추구했다. 점점 더 단순한 생활양식에 끌렸던 그는 수도원에서 일생을 보내기로 결심하고, 이를 위해 1972년 9월에 세례를 받았다. 그렇지만 가톨릭교회의 교리를 믿은 것도 아니었고 예수라는 핵심 인물에 크게 관심이 있어서 그런 것도 아니었다. 그 후 몇 달이 지나서야 예수는 그의 삶의 중심에 자리하기 시작했다. 수도원에 들어가려면 최소 세례 후 1년이 지나야 한다는 가톨릭교회의 방침에 따라 1년을 기다린 그는 1972년 추수감사절 무렵 병원을 그만두고 이스라엘로 갈 준비를 했다.

이스라엘로 떠나기 직전, 왑닉 박사는 친구의 소개로 헬렌 슈크만과 빌 테트포드를 만나게 되었다. 그 자리에서 헬렌은 자신이 "받아 적은" 책이 있다며 한번 보라고 제안하였다. 곧 이스라엘로 떠날 계획이었던 그는 그 제안을 사양했으나, 이스라엘에 머무는 다섯 달 동안 그 책에 대한 생각이 떠나지 않았다.

1973년 5월 뉴욕에 돌아온 왑닉 박사는 갈릴리에 있는 산꼭대기 수도원에 돌아가기에 앞서 한 달 동안만 뉴욕에 머무르기로 결정했다. 하지만 일은 다르게 진행되었다. 이스라엘로 돌아가기 바로 직전에 그는 헬렌과 빌을 방문했고, 그때 처음으로 기적수업을 훑어보았다. 그는 자신이 어떤 책을 찾고 있는지 몰랐지만 몇 페이지 넘기자마자 〈기적수업〉이 바로 자신이 찾고 있던 책이라는 것을 깨달았다. 〈기적수업〉은 그가 읽어본 책 중에서 영성과 심리학을 제대로 다루면서 완벽하게 통합한 유일한 사고체계를 기술하였다. 〈기적수업〉 안에 나타난 예수는 왑닉이 마침내 자신의 삶에 받아들인 예수와 정확히 맞아떨어졌다. 왑닉은 헬렌과 빌이 자신이 찾고 있던 영적 가족이라는 점도 인식했다. 그들은 매우 가까운 친구가 되었고 그는 뉴욕에 남아서 헬렌과 빌이 근무하던 메디컬 센터에 일자리를 구했다. 그들이 함께 한 처음 몇 년 동안은 원고를 주의깊게 검토하는 데 보냈고 1976년 마침내 〈기적수업〉은 〈내면의 평화 재단〉 이름으로 출판되었다.

그 이후로 왑닉 박사는 약 40년간 〈기적수업〉의 이해와 보급에 힘쓰고 수많은 저서를 남겼으며, 2013년 작고하였다.

머리말

1976년 〈기적수업〉이 출간된 지 일 년 후, 헬렌 슈크만은 〈기적수업〉에 관심이 있는 사람들에게 수업을 소개하는 글이 필요하다는 요청을 받아들여 〈기적수업〉이 어떤 책이며 어떻게 쓰이게 되었는지를 설명하는 서문을 작성했다. 나는 서문이 쓰여진 과정은 정확히 기억나지 않지만 서문을 『기적수업의 유래』, 『기적수업의 구성』, 『기적수업의 내용』 세 부분으로 나눈 것은 헬렌의 구상이었다고 기억한다. 『기적수업의 유래』와 『기적수업의 구성』[1]은 헬렌이 직접 썼으며, 『기적수업의 내용』은 〈기적수업〉(이하 '수업'이라는 말과 혼용한다)과 마찬가지로 예수가 구술한 내용을 헬렌이 받아 적은 것이다.

『기적수업의 유래』는 수업이 기록된 과정을 간략하게 설명해준다. 여기에서는 헬렌과 윌리엄 테드포드의 관계와 수업을 받아 적게 된 경위를 다룬다. 서문에서는 예수라는 이름을 전혀 찾아볼 수 없는데, 이는 그 당시 헬렌이 예수에게 품고 있었던 양가감정(兩價感情, ambivalence[2])을 반영한다. 『기적수업의

---

[1] 이 책의 부록에 기적수업의 유래와 기적수업의 구성을 실었다.
[2] 양가성(兩價性)이라고도 하며, 동일 대상에 대해서 정반대의 상대적인 감정을 동시에 향하는 정신 상태를 말한다.(간호학대사전, 1996. 3. 1. 한국사전연구사)

구성』은 수업이 제시하는 교육 과정의 구조 즉 교과서, 학생용 연습서, 교사용 지침서에 대한 설명을 담고 있다. 『기적수업의 내용』은 비록 〈기적수업〉의 공식 "전문典文"의 일부는 아니지만 수업의 이론이 간단명료하게 잘 요약되어 있어 수업을 처음 접하는 이들에게 도움이 될 것이다.

서문은 원래 소책자 형태로 따로 출간되었다가, 1992년에 개정판이 나오면서부터 앞부분에 삽입되었다. 『기적수업의 내용』은 〈기적수업〉의 번호 표기법3)에 해당되지 않기에, 나는 참조하기 쉽도록 『기적수업의 내용』의 각 문단에 번호를 붙였다. 그러므로 독자들도 필요하다면 자신이 원하는 방식대로 이 책에 실린 열세개의 문단에 번호를 붙일 수 있다.

『기적수업의 내용』은 〈기적수업〉에 담긴 핵심 주제들을 소개하고 있기에, 나는 종종 이 부분을 서곡, 또는 오페라의 전주곡과 비교하곤 했다. 참고로 나는 『기적수업의 내용』을 종종 서문이라고 간략하게 부를 것이다. 여기에서 내가 사용한 전주곡이란 단어는 리차드 바그너가 뮤지컬 드라마라고 일컬었던, 보다 깊이가 있는 오페라의 전주곡과 같은 의미이다. 서곡과 흡사했던 바그너의 전주곡들은 그의 교향곡 자체의 주제들을 요약할 뿐만 아니라 뒤에 나오게 될 음악이 어떤 감정을 일으킬지도 보

---

3) 번호표기법 예시: 15쪽

여준다. 『기적수업의 내용』은 기적수업이라는 오페라의 전주곡에 해당된다고 할 수 있다. 서문은 수업에 담긴 중요한 주제들을 독자들에게 선사하고 또한 독자들을 〈기적수업〉이 제시하는 사고방식과 경험을 접할 수 있는 수준으로 끌어올려준다.

『기적수업의 내용』은 내가 종종 1수준Level One이라 부르는, 〈기적수업〉의 형이상학적 기반에 대한 설명으로 시작한다. 그러므로 『기적수업의 내용』은 서문이지만 〈기적수업〉에서 접하게 될 주제도 소개한다. 1수준에서는 진리와 허상, 지식과 지각, 하나님과 에고의 차이점을 대조한다. 이 수준은 에고의 사고체계와 용서를 통한 그 사고체계의 해제에 대한 〈기적수업〉의 가르침의 기틀을 형성하는 수준이다. 에고의 사고체계는 특별한 관계에서 가장 명확히 드러나는데, 성령을 통해 특별한 관계가 거룩한 관계로 교정되는 과정은 1수준의 형이상학적 기반을 파악하지 않고는 결코 이해할 수 없을 것이며, 그 기반이란 천국만이 진실이며, 하나님만이 실재이고, 우리의 유일한 실재는 하나님의 독생자인 그리스도라는 것이다. 다른 모든 것은 허상이다. 거기에는 예외가 없다. 서문의 맨 앞 세 문단은 1수준을 체계적으로 간략하게 설명하며, 그 뒤 내용은 꿈에 대한 주제에 초점을 맞춘다.

본질적으로, 우리는 우리가 삶이라 여기는 꿈을 두 가지 관점에서, 즉 에고나 성령의 관점에서 볼 수 있으며, 이 둘의 차이점을 살펴보는 것이 2수준이다. 에고의 사고체계는 무언가가 결핍되었다는 믿음에 기반을 둔 특별한 관계에 몰두한다. 에고 사고체계의 기반을 설명할 때 결핍 원리라는 용어를 자주 사용하지만, 사실 이 용어는 서문에서만 사용되었을 뿐 〈기적수업〉 어느 부분에서도 찾아볼 수 없다. 하지만 결핍 또는 부족함이라는 용어, 거기에 연관된 관념들은 〈기적수업〉 전반에 걸쳐 자주 등장한다. 우리가 특별한 관계들을 성령께 가져갈 때, 그 관계들은 변형되고 거룩해진다.

마치 악장과 악장 사이에 연주되는 간주곡처럼, 예수는 마음과 몸을 대조하는 주제를 잠시 다루며, 여기서 그는 몸이 오로지 마음의 지시를 실천할 뿐 아무것도 하지 않는다는 점을 강조한다. 그런 의미에서 몸은 자신에게 주어진 목적에 의존하는, 중립적인 매체이다. 에고가 몸에 부여하는 목적은 분리를 보고 분리를 공격하는 것이며, 성령의 목적은 분리된 관심사 또는 분리된 이익interests이 아니라 공통된 관심사, 공통의 이익을 보는 것이다. 성령의 지각은 그리스도의 비전으로 표현되며, 우리도 그리스도의 비전을 공유하여 모든 사람을 내용상 서로 전혀 다르지 않은 똑같은 존재로 보게 되는 것이 〈기적수업〉의 목표이다. 분리된 관심사 또는 분리된 이익이 있다는 에고의 믿음을 해제하는 수단은 용서이다. 용서가 완성되고 분리로 인한 우리의 죄책감이 해제되면 우리는 실재 세상 또는 용서받은 세상에 있게 된다. 그러면 하나님이 우리에게 손을 뻗어 우리를 **당신 자신**에게로 들어 올리신다. 여행은 끝나고, 우리는 하나님께서 우리에게 머무르라 뜻하신 집에 도착한다(T-31.VIII. 12:8).

이와 같이 네 페이지에 걸쳐 서술된 『기적수업의 내용』은 수업의 핵심 주제들을 통합적으로 요약해주며, 우리는 여기에 담긴 아름다운 구절들을 한 문장 한 문장씩 짚고 넘어가는 짧은 여행길에 오를 것이다. 『기적수업의 내용』을 불러 주는 내면의 **음성**을 헬렌이 받아 적을 때 나도 헬렌 곁에 있었던 것이 기억난다. 그때 나는 '받아 적는 인쇄기'로 갓 찍어낸 헬렌의 기록을 읽었다. 그 당시 내가 속으로 생각만 한 것인지 아니면 헬렌에게 직접 말로도 표현했는지 분명하지 않지만, 나는 『기적수업의 내용』을 읽고 나서 예수와 헬렌이 왕년의 글솜씨를 잃지 않았다고 느꼈다. 이 서문 자체도 하나의 작은 걸작이었고, 〈기적수업〉 본문과 똑같이 고결한 내용을 매우 아름다운 형태로 표현하고 있었다. 만약 아직까지 〈기적수업〉의 진가를 느끼지 못한 독자가 있다면, 『기적수업의 내용』을 읽고서 〈기적수업〉의 진정한 가치를 엿볼 수 있는 기회가 되기를 바란다. 〈기적수업〉이라는 더 큰 여행길을 준비하기 위해, 이제 우리 함께 서곡을 감상해보자.

◎ 번호 표기법 예시

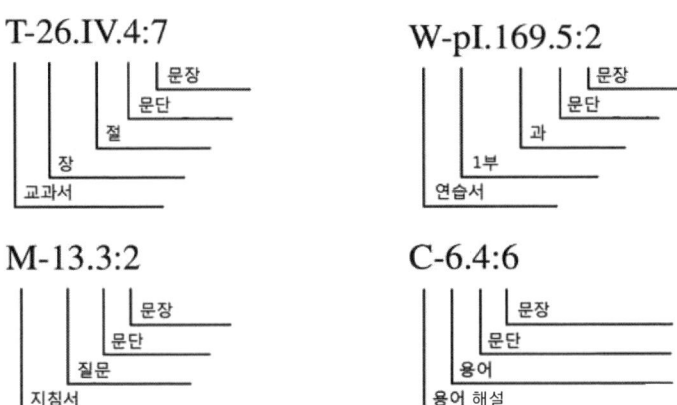

목 차

저자 케네쓰 왑닉   7

머리말   10

제 1 장

1수준 : 지식과 지각   19

지식의 세상   20

지각의 세상   38

두 가지 사고체계   51

제 2 장

2수준 : 지각의 세상 - 에고와 성령   67

꿈에서 벗어나기   69

투사가 지각을 만든다   87

용서   99

특별한 관계   113

거룩한 관계   128

마음과 몸   137

참된 비전   147

제 3 장

    여행의 끝 - 용서받은 세상   175

부록

  기적수업의 유래   178

  기적수업의 구성   181

  기적수업 참고 색인   184

  기적수업 재단 소개   187

  기적수업 한국모임   192

제 1 장

1수준 : 지식과 지각

∞ 지식의 세상 ∞

1문단

　이 부분은 〈기적수업〉의 서문에서 직접 인용한 구절과 함께 시작한다.

실재는 위협받을 수 없고,
비실재는 존재하지 않는다.
여기에 하나님의 평화가 있다.

　이것은 1수준에 해당하는 구절이다. 실재는 결코 위협받을 수 없다. 왜냐하면 실재는 오직 하나님과 우리의 진정한 자아인 그리스도로 구성되어 있기 때문이다. 나는 이 구절과 같은 의미를 담고 있는 교과서의 "**천국의 노래에서 음표 하나도 없어지지 않았다.**"(T-26.V.5:4)를 자주 인용한다. 다시 말하자면, 아무것도 일어나지 않았다. 하나님은 살해되지 않으셨고, 하나님의 아들은 십자가에 매달리지 않았으며, 천국은 파괴되지 않았다. 실재는 결코 위협받을 수 없기 때문에 아무 일도 일어나지 않았다. 이에 따른 필연적 결론은 실재가 아닌 것은 결코 존재하지 않는다는 것이다. 〈기적수업〉은 실재를 하나님이라고 정의하므로, 비실재는 하나님 바깥에 있는 모든 것을 가리킨다. 이것이 사실 〈기적수업〉에서 집중적으로 다루는 주제이다. 그러나 서문에서는 여기서 잠시 언급할 뿐 핵심 주제로 다루지는 않는다. 천국은 완벽하게 **하나**인 상태, 하나님의 창조물인 하나님 아들, 즉 하나님의 **결과**인 그리스도가 자신의 **근원**과 하나인 상태이다. 이는 창조주와 창조물, 성부와 성자, **원인과 결과**를 구분할 수 있는 요소가 전혀 없기에 그 둘이 서로 분리되어 있지 않다는 의미이다. 이것은 천국에는 창조주와 창조물, 성부와 성자, **원인과 결과**라는 용어가 존재하지 않는다는 의미이기도 하다. 이러한 용어들은 이원성을 암시하며, 천국에는 둘이 아니라 오직 **하나**가 존재한다. 이 완벽한 **하나**의 바깥에 있는 듯 보이는 것들은 사실 존재하지 않는다. 우리가 언제나 명심해야 할 점은, 이 사고체계가 **하나**와 떨어져 있는 것은 비실재로 인정하는, 비이원적 사고방식이라는 것이다. 따라서 물질적 우주, 서로 다른 개체로 이루어진 우주에 속한 모든 것은 하나님의 **마음** 바깥에 있고, 그러므로 실재가 아니다. 이를 이해하면 진실을 배우게 된다. **"여기에 하나님의 평화"**가 있기 때문이다.

이 세상이 존재한다고 믿으면 세상 안에서 평화로운 상태에 있을 수 없다. 이 세상이 존재한다는 우리의 믿음은 이 세상이 우리에게 영향을 미칠 수 있다는 현실적 수준의 사고방식을 통해 드러난다. 따라서 우리는 일반적으로 우리의 행복이 외부 상황에 달려있으며, 다른 사람들이 우리의 특별함이 요구하는 것에 맞춰 행동하거나 대우해줄 때 우리 자신에 대해 만족하고, 사랑받고 인정받고 있다고 느끼는 것이 가능하다고 믿는다. 세상이 평화라고 부르는 것은 주로 우리의 필요가 충족되었을 때 가끔 찾아오는 고요한 상태를 의미한다. 또는 우리가 우리의 빚을 갚아 사람들이 더 이상 우리에게 화가 나 있지 않을 때, 즉 특별한 관계의 거래에 있어서 우리의 역할을 완수하였을 때 잠시 느껴지는 평화로움을 의미한다. 이는 거래가 한 순간, 한 시간, 하루, 한 주, 한 달, 한 해가 지나도 깨어지지 않고 계속해서 안정적으로 유지될 것이라는 말이 아니다. 에고의 사고체계를 따르면 거래는 깨어질 수밖에 없으며, 일단 거래가 깨어지면 우리는 또 다른 거래를 시작해야 한다. 그러므로 우리가 세상이 우리에게 영향을 미칠 수 있는 힘을 가지고 있다고 여기는 한 평화는 있을 수 없다.

구체적으로 설명하자면, 우리가 하나님의 평화의 반영을 얼마나 경험하는지는 우리의 행복이 바깥 그 무엇에도 달려있지 않다고 우리가 얼마나 확신하는가에 달려있다. 이 말은 반대로 뒤집어도 여전히 사실이다. 우리의 불행, 근심, 우울, 죄책감도 바깥에 있는 그 무엇에 달려있지 않다. 〈기적수업〉에서는 그 어떤 몸이든, 나의 몸이든 다른 사람의 몸이든 상관없이 마음 바깥에 있다고 설명하고 있음을 기억하라. 그러므로 우리가 아프다면, 그것은 우리가 병에 걸렸기 때문이 아니다. 행복하고 불행하다는 느낌, 안녕하고 안녕하지 못하다는 느낌은 모두 마음에서 오며, 이 세상과 전혀 상관이 없다. 이 점을 이해하고, 그런 다음 진실을 받아들이는 과정을 시작할 때 우리는 하나님의 평화로 인도된다.

바깥에 있는 그 무엇도 우리의 평화에 영향을 미칠 힘이 없으므로, 우리가 심란한 이유는 오직 우리의 마음이 심란하기로 결정했기 때문임을 인식하는 것이 "**실재는 결코 위협받을 수 없고, 비실재는 결코 존재하지 않는다**"는 구절을 제대로 반영하는 것이다. 우리는 다만 세상과 몸을, 구체적으로 다른 사람들의 몸을, 우리의 질병disease 또는 불편함dis-ease을 정당화하고 다른 사람의 탓으로 돌리는 수단으로 이용해왔을 뿐이다. 이는 우리를 마음의 힘에서 떼어놓기 위해 에고가 세운 계획의 일부이며, 마음의 힘과 접촉을 잃는 것은 에고를 선택한다는 우리의 근원적인 결정에 변함이 없다는 의미이다. 이 실수는 마음이 선택하는 힘을 가지고 있다는 것과 비록 우리가 잘못된 선택을 내렸지만 다시 선택할 수 있다는 것을 우리가 인식할 때에만 해제될 수 있다. 세상은 우리가 그 사실을 절대로 인식하지 못할 것을 보장한다. 왜냐하면 세상은 무언가가 우리 바깥에 있다고, 평화로운 상태를 성취하는 방법은 평화의 교사인 성령 또는 예수를 선택하는 것이 아니라 사건들, 사람들, 상황들을 조종하는 것이라고 주장하기 때문이다.

그러므로 우리가 〈기적수업〉 교과서 서문에서 접하게 되는 주제는 바로 이것이다. 예수는 수업에 나온 구절을 그대로 인용하면서, 이 주제와 함께 서문을 시작한다. 예수는 이렇게 말을 이어 간다.

> 기적수업은 이렇게 시작한다. 수업은 근본적으로 실재와 비실재, 지식과 지각을 구분한다.

이것은 〈기적수업〉의 기초인 '무無 아니면 전부'인 원리 all-or-nothing principle를 나타내는 1수준의 선언이다. 이 선언은 에고의 기반을 이루는 전제, 즉 분리는 실재이며 따라서 허상들 사이에 서열이 있다고 주장하는(T-23.II.2) 에고의 첫 번째 혼돈의 법칙을 해제시킨다. 이 '법칙'은 이 세상에 있는 것들 중 일부만 소중하고 나머지는 그렇지 않다고, 특정한 사물과 장소와 사람들이 나머지보다 더 거룩하다고 믿게 만든다. 물론 이 법칙은 반대로도 작용한다. 특정한 사물과 장소와 사람들을 나머지보다 덜 거룩하다고 또는 더 죄가 많다고 여길 수도 있다. 이 모든 것은 오직 분리와 허상의 세상, 즉 지각의 세상을 실재라고 믿어야만 진실일 수 있다. 하지만 실재와 비실재만이 있고 실재는 영이라면, 형태를 가진 모든 것은 허상일 수밖에 없다. 그러므로 이 수준에서는 이 세상 안에서 무슨 일이 일어나든 상관없다. 차차 알게 되겠지만, 일어나는 일에 우리가 어떻게 반응하는지, 즉 상황에 반응할 때 어떤 교사를 안내자로 선택하는지는 중요하다.

지식은 진리이며, 사랑의 법 혹은 하나님의 법만을 따른다.

만일 하나님이 완벽한 **하나임**이라면 사랑 또한 완벽한 **하나임**이며, 그것이 여기에서 사랑이 불가능한 이유이다. 하지만 이곳에서 사랑을 반영하는 것은 가능하며, 이는 모든 이들을 내용상으로 사랑할 수 있다는 의미로, 하나님의 아들들을 개별적으로 구분하지 않는다는 것이다. 물론 세상은 하나님의 아들들을 구분하고 우리 뇌와 눈도 그들을 구분하지만, 이는 모두 형태에 기반하는 구분일 뿐 기저에 깔려있는 내용과는 아무런 관계가 없다. 〈기적수업〉은 이 망상 체계를 꿈으로 비유하는데, 우리는 우리가 여기에 있다고 주장하는 그 체계를 공유하고 또 그 체계에서 벗어나야할 필요성도 공유하기에, 서로 같다. 그러므로 우리는 하나같이 분리가 실재라고 믿는 공통된 문제를 가지고 있으며, 우리 모두는 용서를 통해 그것을 해제해야 할 필요가 있다.

이제 곧 다루게 될 주제인 그리스도의 비전은 서로 다른 모습을 가진 듯 보이는 성자단의 일원들을 구분하지 않는다. 다시 말하지만 사랑은 하나이기에 제외하지 않으니, 사랑은 오직 자신만을 볼 뿐 다른 그 무엇도 보지 않기 때문이다. 사람들이 사랑스럽지 않은 행동을 보이더라도, 즉 잔혹하거나 포악하거나 혐오스러운 행동을 보이더라도 우리는 그 악한 겉모습 너머를 볼 수 있으며, 전쟁터의 소음 너머에서 들려오는 사랑을 달라는 요청에 귀를 기울일 수 있다. 그리스도의 비전 또는 성령의 지각은 이 세상의 모든 이들이 사랑을 표현하고 있든지 아니면 사랑을 요청하고 있다는 점을 인식한다. 이들에 대한 우리의 반응은 언제나 똑같을 것이기에, 궁극적으로 사람들이 그 둘 중 무엇을 하고 있는지는 상관없다. 우리의 반응은 언제나 사랑일 것이다. 이 메시지는 아래 구절에 암시되어 있다.

진리는 변경될 수 없고 영원하며 명백하다.

진리는 하나이기에, 완벽히 명백하고 결코 변경될 수 없다. 그런데 에고의 근본 전제는 하나님의 **하나임**이라는 일원성의 진리가 이원성으로 변경되었다는 것이다. 이는 진리가 진리일 수 없다는 의미이다. 에고의 사고체계에서는 아들이 자신의 창조주에 반대하는 자로 지각된다. 이 반대의 생각에서 세상이 생겨났으며, 이러한 세상의 기원이 세상의 모든 것에 반대쌍이 있는 이유를 설명해 준다. 하지만 실재에서는 진리는 변경될 수 없고, 죽을 수도 없으며, 복잡하지도 않다. "**우리는 '하나님이 계시다'라고 말한 다음 입을 다무니**"(W-pI.169.5:4)라는 구절이 연습서에 나오는데 "**하나님이 계시다**"라는 문구보다 더 간단한 문장이 있겠는가? 영어 문법은 한 단어로 구성된 문장을 허용하는 경우는 극히 드물기에, "**하나님이 계시다 God is.**"는 언어상 가장 간단한 문장이다. 하지만 우리는 진리를 복잡한 것으로 만든다. 거의 모든 신학에서 우리가 이미 그래왔다는 것을 살펴볼 수 있다. 물론 어떤 이들은 이 수업마저도 복잡한 것으로 만든다. 하지만 이 수업은 모호하지 않은 간단한 사실 하나를 전제로 한다. 즉, 오직 진리만이 참되며, 나머지 모든 것은 허상이다.

진리는 인식되지 않을 수는 있지만 변경될 수는 없다.

허상 속에서, 즉 망상적 사고체계라는 꿈속에서 우리는 진리와 사랑을 인식하는 데에 실패할 수 있다. 하지만 인식에 실패했다고 해서 우리에게 진리와 사랑을 바꿀 힘이 주어지는 것은 아니다. 교과서에 나오는 구절을 빌리자면, 자유의지란 우리가 우리의 유산을 그리스도로 정한다거나 다른 것으로 바꿀 수 있다는 것을 의미하지 않는다. 누구나 유산을 거부할 자유는 있지만 무엇이 자신의 유산인지 정할 자유는 없다(T-3.VI.10:2). 바로 이 보물이 우리의 **정체**이지만, 꿈속에서는 이 **정체**를 원하는 대로 바꿀 자유가 있다. 우리는 이와 같이 우리의 **정체**를 부인하기로 선택할 수 있지만, 즉 에고를 우리의 정체로 대체할 수 있지만, 우리의 **자아**에 대한 **사실**을 바꿀 수는 없다.

지금 다루고 있는 구절들은 우리에게 천국에 대해 가르치는 것을 목표로 하지 않는다. 그러한 목표는 천국을 이해하지 못하는 우리에게는 의미도 없고 관련도 없다. 하지만 여기에 나온 추상적인 구절들이 무엇을 실천하라고 암시하는지는 우리와 관련이 있고 의미도 있다. 일단 개인적인 수준에서, 우리는 우리가 맺고 있는 관계들이 이 구절들에 담긴 진실을 반영하지 않고 있음을 인식할 수 있다. 두말할 필요도 없지만, 인간관계는 복잡하다. 게다가 대부분의 관계는 오래잖아 끊어지며, 예외 없이 변화를 겪는다. 하지만 관계에는 언제나 사랑이 현존하고 그 사랑 속에 진리의 불변성이 반영되어 있다. 이 반영은 영원하지 않다. 왜냐하면 몸과 몸이 교류하는 정황 속에서 일어나기 때문이다. 하지만 반영 자체는 변하지 않기에 영원을 반영한다. 둘 중 한 사람 또는 두 사람 모두 사랑의 반영을 인식하지 않기로 선택할 수 있으며, 심지어 그 반영을 공격하려고 할 수도 있다. 에고는 사랑을 표현하려 여러 방식으로 시도함에도 불구하고 그것은 특별한 사랑이며, 우리는 사랑의 본질을 바꿀 수 없다.

예수는 우리에게 변하는 것들 중에서 불변하는 것을 보라고 청한다. 그렇게 보지 않았더라면 우리의 경험과 상관이 없었을 구절들이 우리가 예수의 요청에 따라 보게 되면 우리의 경험과 전적으로 상관있는 구절들로 번역된다. 우리는 원리를 파악한 다음, 여기에서 그 원리를 반영한다. 우리는 그런 방식으로 여기에 실린 문자들에 생명을 불어넣는다. 여기에서 원리를 반영하지 않으면 우리는 이 구절들을 읽어내려 가면서 아름답게 표현된 사랑의 관념으로 여길 수는 있겠지만 거기서 아무런 의미도 찾지 못할 것이다. 왜냐하면 책을 덮고 난 다음 또다시 육체를 통해, 언어를 통해, 또는 마음 안에서 공격을 가할 것이기 때문이다. 배운 원리를 항상 명심하고 그것을 적용한다면 우리는 그와 같은 공격을 할 리가 없다.

그렇게 우리는 천국이 거짓말임을 증명하기 위한 여행을 시작하면서, 천국과 정반대되는 삶을 살아간다. 만일 천국이 불변한다면 우리는 우리가 얼마나 변덕스럽고 쉽게 바뀌는지, 사랑했다가도 얼마나 쉽게 증오하는지, 누군가를 좋아했다가도 얼마나 쉽게 그를 미워하게 되는지를 증명해 보일 것이다. 그것은 다른 사람들에 대한 우리의 반응이 변덕스럽다는 것을 보여줄 뿐이다. 하지만 우리는 다른 사람들의 행동이 우리와 상관없고 우리가 염려할 필요도 없음을 이미 확인했으며, 다른 이들의 행동과 마찬가지로 우리의 변덕도 사실 우리가 염려할 바가 아니다. 변하는 모든 것은 에고로부터 온다. 여기에서 유일하게 의미 있는 변화는 마음이 자신의 교사를 바꾸는 것, 즉 에고의 관점에서 바라보던 세상과 인간관계를 성령의 관점에서 보게 되는 것이다. 다른 모든 변화는 궁극적으로 파괴를 일으키니, 그러한 변화의 목적은 사랑의 통합을 파괴하는 것이기 때문이다. 그러므로 천국에 대한 구절들을 학습할 때에는 우리 각자의 삶이 구절에 담긴 진실을 반영하는지 아니면 그 반대를 반영하는지 관찰해보는 것이 유익하다.

진리는 하나님이 창조하신 모든 것에 적용되며, 하나님이 창조하신 것만이 실재다.

이 서문은 마치 오페라의 서곡과 같다는 점을 명심하라. 즉 이 서문은 수업에서 접하게 될 주제들을 전체적으로 다루는 것이 아니라, 주제들의 일부만 보여주고 전체는 훗날 감상할 수 있도록 남겨둔다. 하나님은 오직 자기 자신인 것만을 창조하실 수 있다. 즉, 하나님은 오직 영, **사랑**, **하나임**만을 창조하실 수 있다. 이 **사랑**과 **하나임**의 일부가 아닌 것은 하나님에게서 왔을 리 없으며, 따라서 실재가 아니다. 비록 서문에서는 거의 언급되지 않지만, 〈기적수업〉에는 "**관념은 자신의 근원을 떠나지 않는다.**"라는 중요한 원리가 실려 있다. 하나님은 당신의 영을 그리스도로서, 즉 **근원**의 **마음** 안에 있는 하나의 **관념**으로서 확장함으로써 우리를 창조했기에, 그리스도는 하나님을 떠나지 않았고 천국의 **하나임**의 일부로 남아있다.

…그 어디서도 아버지가 끝나고 아들이 아버지와 분리된 무엇으로서 시작하지도 않는다(W-pI.132.12:4).

서로에게서 분리되는 것을 목적으로 하는 몸이 사는 곳, 우리가 사는 세상처럼 이원의 체계 안에서는 경계라는 것이 있지만, 하나님과 아들 사이에는 경계가 없다. 여기 있는 모든 것은 우리가 밤에 꾸는 꿈과 마찬가지로 투사된 생각이거나 상징이다. 그러므로 육체는 분리의 관념을 상징하며, 분리의 관념은 무언가를 다른 것들로부터 분리시키는 시작과 끝이 있고 그 다른 것들도 저마다 시작과 끝이 있다고 주장한다.

이러한 과정은 우리가 하나님과 분리되었다고 믿고, 그 정신 나간 작은 관념을 심각하게 받아들였을 때 시작되었다(T-27.VIII.6:2-3). 하나님과 그리스도가 구분되지 않고 완벽하게 하나인 삼위일체 하나님의 현존 대신에 아들은 자신의 창조주, 자신의 근원과 불평등한 관계에 있는 독립된 개체가 되었다. 몸은 그 생각이 외부로 표현된 산물이다. 왜냐하면 몸은 다른 몸, 다른 사물들과 떼어놓는 경계선을 가지고 있기 때문이다. 평화를 가로막는 세 번째 장애인 죽음의 매력에 대해 설명할 때 예수는 죽음이 몸과 무관한, 하나의 생각이라는 점을 지적한다. 그리고 이어서 예수는 다음과 같이 경고한다.

> **상징과 표시를 근원으로 혼동하지 말아야 한다는 점을 기억하라. 상징과 표시는 그 자체가 아닌 다른 무엇을 나타내기 때문이다. 상징과 표시의 의미는 그 자체에 있을 수 없고, 그것이 나타내는 것에서 찾아야 한다(T-19.IV.C.11:2-3).**

이와 마찬가지로 우리는 상징인 몸과 몸을 탄생시킨 분리의 생각을 서로 혼동하면 안 된다는 것을 명심해야 한다. 바로 이 분리의 생각이 근원이며, 근원만이 문제이다.

다시 말하지만 여기서 전하는 메시지는 우리의 삶이 이 구절들에 담긴 진실을 반영하고 있는지를 확인해봄으로써 이 구절들을 우리 자신과 연관 있는 문장들로 만들라는 것이며, 그 과정에서 우리의 삶이 분리라는 에고의 진실을 반영하고 있음을 본다면 우리 자신을 용서하라는 것이다. 우리가 판단, 즉 심판을 소중히 여기고, 쉽게 내려놓지 못하는 이유 중 하나는 그것이 분리를 실재인 것으로 만드는 또 하나의 방법이기 때문이다. 판단은 에고의 사고체계와 동일시하겠다는 결정에 형태를 부여하는 생각이나 말을 통해 다른 사람들과 거리를 두게 만드는데, 이는 꼭 육체적인 거리만을 의미하는 것은 아니다. 예수는 우리에게 하나님처럼 사랑하라는 것이 아니라 용서를 통해 하나님의 사랑을 반영하라고 청한다. 이 과정이 사랑을 기억하지 못하게 막고 있었던 분리를 해제한다.

> 진리는 시간과 과정을 초월하므로 배울 수 있는 것이 아니다. 진리는 반대쌍이 없고, 시작도 끝도 없다. 진리는 다만 존재한다.

이것이 내가 앞에서 인용한 구절의 핵심 메시지이다. **"우리는 '하나님이 계시다 God is.'라고 말한 다음 입을 다문다"** (W-pI.169.5:4). 여기에서 예수는 부사 "다만"을 더한다. "**진리는 다만 존재한다 Truth merely is.**" 진리는 다른 그 무엇으로도 존재하지 않는다. 진리는 배움을 초월한 것이며, 그래서 예수는 수업의 교과서 서문에서 다음과 같은 말을 남긴다.

> 이 수업은 사랑의 의미를 가르치는 것을 목표로 하지 않는다. 사랑의 의미는 가르칠 수 있는 영역이 아니다(T-in.

1:6).

그러므로 진리는 우리가 배울 수 있는 범위를 초월한 것이다. 위 문장에 사랑 대신 "수업은 진리의 의미를 가르치는 것을 목표로 하지 않는다."라고 표현했어도 같은 뜻이었을 것이다. 〈기적수업〉은 진리를 가르치는 것을 목표로 하지 않는다. 〈기적수업〉의 목표는 사랑 또는 진리의 현존을 의식하지 못하게 가로막는 장벽을 치우는 것이다(T-in.1:7). 여기에서 장벽이란 우리가 맺은 특별한 관계들, 분리라는 에고의 사고체계가 우리의 삶에서 그 모습을 드러내는 여러 가지 방법들이다. 〈기적수업〉의 목표는 이 장애물들을 해제하는 것이며, 이러한 장애물들이 제거되면 진리는 다만 진리로 존재할 수 있게 된다.

다시 말해서, 서문에 실린 구절들은 우리에게 천국을 가르치는 것을 목표로 하지 않는다. 그 구절들은 우리가 우리의 삶에 적용하는 경우에만 의미를 가지게 되는 추상적인 원리들을 소개한다. 이 원리들을 우리의 삶에 적용하는 것을 돕기 위해 교과서와 연습서가 있는 것이다. 여기서 연습서는 교육 과정 중 마음을 훈련하는 단계를 제공하는 것이 그 목적이며, 그날의 관념을, 즉 진리의 한 일면을 매우 구체적으로 우리 삶에 적용하라고 지도한다. 교과서와 지침서에도 진실을 우리 삶에 적용하라는 메시지가 암시되어 있지만, 연습서는 우리에게는 매우 사실적인 우리의 일상생활에 진실을 매우 구체적으로 적용하는 방법을 가르친다. 만일 내가 학생으로서 진리를 나의 삶에 적용하지 않는다면, 나는 사실상 배울 수 있는 영역 너머의 상태를 성취하는 데에 관심이 없다고 주장하는 것이다. 따라서 이때 나는 진리에 관심이 있는 것이 아니라, 오직 나의 진리에만 관심을 가지는 것이다.

진리는 시간과 과정을 초월한 것이며, 시간과 과정은 단계나 등급, 또는 서열이 없는 1수준에 속하지 않는다. 형이상학적 수준인 1수준에서는 모든 시간이 허상이며 공간도 마찬가지로 허상이다.

시간과 공간은 형태만 다를 뿐, [분리라는] 같은 허상이다 (T-26.VIII.1:3).

만약 공간이 존재하지 않는다면 몸도 존재하지 않는다. 그렇다면 배우고, 과정을 밟아나가고, 여행길에서 예수의 손을 잡는 자는 누구인가? 이 모든 것들은 형이상학적 차원에서는 존재하지 않기에, 여기 나온 진실에 대한 구절들은 서문의 시작일 뿐이요, 〈기적수업〉의 작은 일부에 지나지 않고, 대부분 허상을 주제로 한 문장들이다. 2수준에서 분명 밟아야할 과정이 있으니, 이 수준에서 우리는 시간, 공간, 배움을 경험하고 교사를 필요로 하기 때문이다. 하지만 진리 안에서는, 즉 1수준에서는 교사가 있을 수 없으니, 왜냐하면 거기에는 배울 것이 없기 때문이다. 그 누구도 하나님의 **마음** 바깥에서 존재하지 않기에 사실 배울 사람 자체가 없다.

〈기적수업〉은 영적인 과정으로서뿐만 아니라 학습 도구로서도 독특하고 인상적인 책이라 할 수 있다. 왜냐하면 예수는 〈기적수업〉 내내, 어떤 경우에는 같은 문장 안에서도 1수준과 2수준을 통합하기 때문에 수업은 비록 이 세상이 허상이긴 하지만 우리는 여전히 천국의 진리를 따르면서 천국의 진리를 여기에서 반영하며 살 수 있다는 일관된 가르침을 전한다. 그렇기에 수업은 비록 우리의 경험이 실재가 아니며 '좋은' 경험이나 '나쁜' 경험도 없고 서열도 없으며, 궁극적으로 모든 경험은 허상이라고 알려 주고 있지만 그러한 경험을 부인하라고 청하지는 않는다. 진리의 1수준은 우리의 일상생활에 직접적인 도움을 주지는 않지만, 우리의 경험들을 통해 반영할 수 있는 마음속 형판型板으로 여긴다면 우리에게 있어서 매우 필수적인 단계가 된다. 그 방향으로 나아간다면 우리는 집으로 여행하면서 우리 몸을 부인하지 않을 것이다. 그러기보다는 몸에 대한 에고의 해석을 부인하게 될 것이다. 우리는 이 길이 십자가로 나아가는 고행길이 아님을 인식할 것이다. 교과서에서는 이렇게 말한다. "**십자가로 나아가는 여행은 마지막 쓸모없는 여행**

이라야 한다"(T-4.in.3:1). 그렇기에 우리는 우리가 밟아가는 과정 속에서의 경험 자체를 부인하지 않을 것이다. 우리는 오직 에고의 고통스러운 해석만을 부인할 것이다.

∽ 지각의 세상 ∽

2문단

반면에 지각의 세상은 시간의 세상이요, 변화의 세상이며, 시작과 마침의 세상이다.

지각의 세상은 천국과는 달리 이원의 세상이며, 이원성이란 곧 시간을 가리킨다. 그러므로 우리는 여기에서 시작과 끝이 있는 과정을 일시적으로 경험한다. 과정이라는 단어 자체가 변화를 암시한다. 즉 이 과정이 끝났을 때의 우리와 이 과정이 시작했을 때의 우리는 다르다. 우리 모두가 공유하는 이 거대한 과정이 우리가 삶이라 부르는 것이다. 우리는 태아로 시작하여 바깥 세상에 태어나고, 여러 단계의 성장 과정을 거친 후 죽음을 맞이한다. 이것이 우리가 실재한다고 여기는, 이상한 지각의 세상이다. 영적인 여행길도 지각 세상의 일부이며, 따라서 영적 여행도 허상들을 거쳐 가는 여행길, 즉 "**결코 변치 않는**

목표를 향한, 거리가 없는 여행"(T-8.VI.9:7)이다. 이 영적 여행길은 다만 눈을 뜨는 과정일 뿐이다.

> 하나님께 돌아가는 여행은 네가 항상 있는 곳과 영원한 너 자신을 다시 알게 되는 것에 지나지 않는다(T-8.VI.9:6).

삶의 과정이라는 허상 속에서 우리는 영성의 길을 성장과 변화의 과정이라 부른다. 물론 실제로 그런 것은 아니지만, 우리는 무시간적인 실재와 단절된 상태에 있고, 우리 자신을 몸과 몸을 일으킨 사고체계와 너무도 굳건히 동일시하고 있기 때문에 깨어남을 과정이 아닌 것으로 여기기가 거의 불가능하다. 우리는 시간과 공간이라는 범위 안에서 경험하고 있기에, 수업도 그 차원에서 우리에게 접근한다. 그래서 예수도 이 과정이 마치 시간이 지난 후에 끝마치는 것처럼 설명하는데, 이 점은 특히 여기에서 시작하여 실재 세상을 얻는 것으로 끝나는, 신뢰를 쌓아가는 여섯 단계에 대한 설명에서(M-4.I-A) 가장 두드러지게 보여주고 있다.

다시 말하지만, 진실로는 단계 또는 과정 자체가 허상이다. 하지만 우리는 우리 자신을 지각의 세상에 속한 자녀라고 여기기에, 예수는 허상을 지각하는 두 가지 관점을 가르친다. 에고의 그른 지각과 성령의 참된 지각인 비전이 그 두 가지 관점이며, 우리는 곧이어 2수준에 해당하는 이 가르침에 대한 주제를 살펴볼 것이다. 두 관점 모두 지각과 관련되었기에 둘 다 허상이지만, 그 중 하나는 꿈에 더욱 깊이 관여하게 만들고 다른 하나는 우리를 부드럽게 깨운다. 우리가 눈을 뜨면 여행길이 끝날 뿐만 아니라, 여행을 했다는 것조차 기억하지 못할 것이다(T-18.IX.14:1; T-19.IV-D.6:6을 참조하라). 그러나 우리는 우리 자신을 몸으로 여기기에, 지각에 해당되는 범주들, 시간과 변화, 시작과 끝이 있는 여행길이 우리에게는 의미가 있을 것이다.

지각의 세상은 사실이 아닌 해석에 기초한 세상이다.

예수는 교과서 앞부분에서 "하나님은 사실"(T-3.I.8:2)이라고 말한다. 다른 모든 사실은 허상이며, 이 수업이 있다는 사실도 허상에 해당된다. 그러므로 지각의 세상이 해석에 기반을 두고 있다는 말은 2수준에 해당하는 두 음성 중 하나에 우리가 귀를 기울인다는 것을 의미한다. 지각은 해석이다. 왜냐하면 우리는 우리가 보는 것을 에고나 성령의 눈을 통해 해석하기 때문이다. 에고는 우리가 오직 분리의 표현만을 보기를 원한다. 그러므로 에고는, 일반적으로 세상이라 일컫는 것이든 우리 각자의 개인적 세상이든, 세상을 바라보고 해석하면서 우리가 하나님과 다른 모든 이들로부터 분리되어 있다고 더욱 굳게 믿도록 만든다. 몸을 실재화하고 몸이 실재라는 믿음을 근거로 행동하면 분리 또한 실재화하게 된다. 왜냐하면 몸은 분리의 생각이 바깥으로 투사된 것에 지나지 않기 때문이다. 하지만 우리가 성령과 함께 바라보면, 우리는 몸의 눈을 통해 보는 와중에도 모든 이들이 비록 형태는 다르지만 서로 같다는 것을 이해한다. 이는 우리에게 우리의 경험을 포기하라거나, 그 경험들을 이해할 수 있게 해주는 시간, 변화, 시작과 끝이라는 범주들을 내려놓으라는 요청이 아니다. 다만 그 범주들을 다른 방식으로 해석하라는 것이다. 정의상 허상 속에는 사실이 없다. 하나님의 진리만이 유일한 **사실**이라면, 나머지 모든 것은 허상이기 때문이다. 다시 말하지만 세상에는 사실이 없다. 그러나 우리가 보는 허상들을 해석하는 데에는 두 가지 방법이 있다. 하나는 더욱더 허상을 일으키는 반면, 하나는 허상을 해제시킨다.

그것은 결핍과 상실, 분리와 죽음이 실재라는 믿음에 근거하는, 탄생과 죽음의 세상이다.

지각은 본질적으로 이원성과 동의어이며, 이원성은 태어나고 죽는 물질 세상을 말한다. 그러므로 몸은 분리에 내재되어 있는 이원성의 대표적인 상징이다. 긍정적이든 부정적이든 몸으로부터 오는 모든 느낌과 생각들, 그리고 부패와 쇠퇴와 죽음은 우리 모두가 여전히 안고 있는 문제이다. 몸 자체 때문에 그런 것이 아니라, 그 저변에 깔려있는 분리와 변화에 대한 에고의 생각 때문에 문제가 되는 것이다. 따라서 몸을 고치려고 하는 것은 이치에 맞지 않는다. 물론 그렇다고 해서 몸을 해하거나 방치해 두라는 말은 아니다. 다만 몸에 집중하는 것은 아무것도 아닌 것에 집중하는 것이기에 이치에 맞지 않는다는 것이다. 우리는 그러기보다는 에고를 선택한 마음의 부분으로 돌아가는 수단으로써 몸을 사용해야 할 것이다. 몸은 그런 용도로 쓰이면 도움이 될 수 있다. 왜냐하면 몸은 우리가 어떤 교사를 선택했는지 보여줌으로써 우리가 그른 마음 상태일 때 내린 결정을 바꿀 수 있는 기회를 제공하기 때문이다.

몸은 끊임없이 무언가가 결핍되거나 부족한 상태에 놓여 있기 마련이다. 우리는 항상 공기로 폐를 채우고 음식과 물로 배를 채워야하기에, 여기에는 이견이 있을 수 없다. 육체적인 차원에서뿐만 아니라 정신적인 차원에서도 마찬가지이다. 우리가 충분한 사랑과 관심 또는 헌신을 받는 것은 불가능해 보인다. 따라서 우리는 육체적으로 또 정신적으로 우리 자신을 채우려고 하며, 다른 무언가를 먹이로 삼지 않으면 채울 수 없다. 이는 서로를 잡아먹는 현상cannibalism에 대한 일반적인 관점을 정확히 설명하고 있다. 하지만 몸은 궁극적으로 아무것도 아님을 명심하라. 그렇기에 몸은 우리가 서로를 잡아먹지 않으면 존재할 수 없다고 주장하는 생각을 상기시키는 수단으로 가장 유용하게 쓰일 수 있으니, 우리 자신을 탄생시킨 근원적인 생각은 하나님을 잡아먹는 생각이었기 때문이다. 우리는 우리가 필요로 하는 생명, 사랑, 창조 능력 등을 빼앗기 위해 하나님을 먹잇감으로 삼았다. 우리는 우리에게 부족한 것을 앗아 왔고, 이 끔찍한 생각에 따른 죄책감은 진실로 참혹했다. 몸은 바로 이 생각을 나타내기에, 몸을 더욱 거룩하거나 아름답게 만들려는 시도는 수업의 요점과 어긋난다. 에고가 하는 생각은 거룩한 것도, 아름다운 것도 아니다. 수업을 받아 적는 과정이 시작된 지 몇 주 안 되었을 때 예수는 헬렌에게 다음과 같이 조언했다. "사막에서 네가 해야 할 일은 사막을 떠나는 것이다." 다시 말하자면 에고를 개선시키려고 노력하지 말고, 다만 에고의 사고체계를 떠나라는 것이다.

그러므로 문제는 스스로를 살리기 위해 자신을 천국을 파괴한 살인자로 보겠다고 선택한 마음에 있다. 따라서 문제의 해제도 마음 안에서 일어나야 한다. 우리의 죄가 몸이 항상 겪는 결핍과 상실의 기원이며, 우리의 죄책감이 무언가를 상실할 것이라는 느낌의 기원이다. 우리는 우리가 가진 것이 훔쳐온 것이고, 따라서 도로 빼앗겨야 마땅하다고 은밀히 죄책감을 느낀다. 이는 우리가 아무리 사랑을 받아도 만족하지 못하고, 사랑을 가진 듯이 보이다가도 곧바로 사라지는 것처럼 보이는 이유이기도 하다. 하지만 에고는 사랑이 단순히 사라진 것이 아니라, 사랑을 빼앗긴 것이라고 우리에게 말한다. 그리하여 우리는 더 많이 얻어야만 하며, 우리 자신을 채우려는 그러한 시도는 허무하기 마련이다. 그것이 죄책감이 하는 역할이자, 몸이 맺는 특별한 관계들의 역할이며, 뒤에 가서 이것이 특별한 관계의 역할임을 보게 될 것이다.

우리 모두는 태초에 하나님이 무엇인가를 상실했어야 했기에 우리도 상실을 겪게 될 것이라고 믿는다. 에고의 핵심 원리는 "이것 아니면 저것" 즉 둘 중 하나 one or the other 이기에, 에고가 보기에는 만일 하나님이 패배했다면 우리가 승리한 것이다. 하지만 패배한 하나님이 가만히 있지 않을 것이라는 생각이 잠시도 우리를 떠나지 않는다. 우리는 우리가 하나님을 파괴했다고 믿지만, 망상적인 생각에 빠진 나머지, 하나님이 빼앗긴 생명을 되찾으러 올 것이라고 믿는다. 죽음이 이 세상에 있는 모든 것들의 일부인 이유는 바로 그 때문이다. 무생물들도 죽음을 맞이한다. 돌멩이를 예로 들어보면, 물론 돌은 분해되기까지 몇 백 만년의 시간이 걸리기도 한다. 하지만 70년이나 700만년이나 다 같은 허상임을 명심하라. 에고가 하나님의 죽음에서 왔기에, 몸은 죽게끔 만들어졌다. 죄책감은 우리가 살기 위해 훔치고 죽였으니 하나님도 우리에게 그럴 것이라고 주장한다. 투사는 바로 이것을 의미하며, 몸은 투사가 실제로 일어났음을 보여주는 '살아있는' 증거가 된다. 우리는 계속해서 숨 쉬고, 먹고, 몸을 먹여 살릴 음식과 거처를 마련하기 위해 일하지 않으면 죽는다. 감정적인 차원에서도 마찬가지이다. 우리는 우리가 필요로 하는 것을 다른 몸들에게서 받지 않으면 감정적인 '죽음'을 맞게 된다.

비록 몸은 결핍, 상실, 분리, 죽음으로 이루어진 에고의 사고체계를 나타내지만, 문제는 몸과 몸이 태어난 환경인 세상이 아니다. 그것들은 그저 마음속에 있는 생각의 상징에 지나지 않는다. 다시 말하지만, '상징을 근원과 혼동하지 말라.' 우리가 해제하고 싶은 것은 근원이다. 상징이 아니다. 플라토Plato의 비유에 따르면 상징은 그림자이며, 그림자란 빛의 부재 상태absence of light이다. 그것은 허상에 불과한 자아의 범위 내에서 말고는 그 어디서도 실재가 아니다. 만일 죄책감의 결과인 그림자를 원하지 않는다면, 우리는 우리 사고방식의 근원을 변화시켜야 한다. 하지만 그림자를 조종하고 바꾸는 것, 그림자를 두려움과 죄책감의 대상으로 삼는 것, 아무것도 아닌 그림자에 생명을 불어넣으려는 것은 제정신이 아니다. 세상은 실재의 그림자라 할 수 있으며, 몸도 마찬가지이다. 우리의 유일한 문제는 우리가 그것을 그림자가 아닌 실재라고 믿고 있다는 것이다.

이 관념을 다른 말로 표현하자면, 지각의 세상은 거짓된 세상이다. 지각은 우리가 지각하고 알 수 있는 무언가가, 또한 우리가 느끼고 행할 수 있는 무언가가 실제로 있다고 주장한다. 하지만 자세히 관찰해보면 지각의 세상은 곧 결핍, 상실, 분리, 죽음의 세상임이 드러난다. 그러므로 지각의 세상은 하나님이 창조하신 세상일 수 없다. 세상과 육체가 실재하지 않는다는 것은 우리의 문제들이 세상과 육체에서 발견될 수 없음을 의미한다. 문제는 우리가 세상과 몸이 있다고 믿는다는 것이다. 믿음은 마음 안에 있으며, 오직 마음 안에서 해제될 수 있다. 다시 말하지만 예수는 '상징과 근원을 혼동하지 말라'고 청하며, 그 근원이란 곧 진리 대신 허상을 믿기로 선택한 마음이다.

교과서에는 다음과 같은 유익한 구절이 있다. **"형태를 지각하는 것만큼 눈멀게 하는 것도 없다"**(T-22.III.6:7). 이 구절은 "형태의 지각만큼 속이는 또는 거짓된 것도 없다."라고도 표현할 수 있다. 여기에 있는 모든 것은 형태의 지각이기에, 상대방을 나를 공격하고 있는 분리된 개인으로 보는 것은 거짓이다. 우리는 이 거짓에 눈멀어 문제가 진정 무엇인지 볼 수 없게 되며, 문제는 우리가 이 거짓말을 믿는다는 것이다. 서문의 뒷부분에 가서 예수는 교과서에 두 번 등장하는 구절을 인용한다. **"투사가 지각을 만든다"**(T-13.V.3:5; T-21.in1:1). 우리가 보는 바깥 세상은 우리가 마음 안에서 내린 결정이 투사된 것이다. 따라서 우리는 우리가 지각하고 있는 것들이 마음에 들지 않으면 다른 결정을 내려야 한다. 이는 우리의 교사를 에고에서 성령으로 바꾼다는 의미이다. 우리는 바깥에 있는 것을 변화시키려 하지 않는다. 바깥에는 변화시킬 것이 전혀 없다. 그림자를 지각하는 관점만 변화시키면 되는데, 그림자를 변화시킬 이유가 있는가? 다음 구절도 이와 같은 메시지를 전하고 있다.

> 그러므로 세상을 바꾸려 하지 말고 세상을 바라보는 너의 마음을 바꾸기로 선택하라. 지각은 결과이지 원인이 아니다 (T-21.in.1:7-8).

이번 문단은 다음 구절과 함께 끝난다.

> 지각의 세상은 주어진 것이 아니라 학습된 것으로, 무엇을 강조해서 지각할지를 선택하며,

예수는 교과서에 이렇게 말했다. "네게는 두 감정이 있을 뿐이다. 하나는 네가 만들었고 하나는 네게 주어졌다"(T-13.V.10:1). 이 문구는 "하나는 학습된 것이고 하나는 우리에게 주어진 것이다."라고도 표현할 수 있다. 하나님은 우리를 창조하실 때 우리에게 사랑을 주셨다. 천국이 준 선물의 대체물로서

우리가 만들어낸 것은 특별한 사랑이었다. 우리는 그런 식으로 두려움이 실재이며 사랑은 거짓이라고 주장하는 에고의 사고체계를 학습했다.

연습서의 초반기 과제들에서 예수는 우리가 그의 지도를 선별적으로 실천해서는 안 된다는 점을 일깨워주는 것을 주요 초점으로 삼는다. 예를 들자면 연습서 1과에서 우리가 방 주위를 둘러보며 여기에 있는 모든 것은 아무것도 의미하지 않는다고 말할 때, 예수는 방 안에 있는 그 어떤 사물도 제외하지 말라고 조언한다. 연습에 임할 때 우리는 모든 것을 포함하는 태도를 취해야 한다. 물론 한 자리에서 모든 것을 볼 수는 없기에, 이는 모든 형태를 포함하라는 말이 아니다. 요점은 우리가 지각할 수 있는 것들 중에서 무언가를 고의로 제외하지 말라는 것이다. 비록 예수는 쓰레기통이나 옷걸이 같은 일상적인 사물을 대상으로 삼으라고 하지만, 사실 연습 자체는 이러한 사물들과 무관하다. 우리는 비록 여전히 형태상으로는 제외하고 있더라도 내용상으로는 모든 것을 포함하도록 훈련받고 있다. 이는 에고의 세상과 반대되는 원리이다. 에고의 세상은 "**무엇을 강조해서 지각할지를 선택하며**", 이러한 성향이 곧 특별한 관계의 의미이다. 우리는 우리의 필요를 충족시킬 사람들을 선별하여, 그들을 잡아먹거나 살해한다. 누가 도움이 되고 누가 도움이 안 되는지를 분류할 때에는 모든 사람들을 전부 다 살펴볼 필요가 없다. 그러므로 우리는 우주에 있는 물을 전부 다 마시지 않아도 되고, 다만 갈증을 해소해줄 정도만 마시면 된다. 즉 우리는 특별함에 대한 우리의 갈망을 해소해줄 특정 사람들하고만 같이 있으면 되는 것이다. 하지만 이 특정 사람들을 선택함으로써 우리는 우리가 원하지 않는 사람들과 대적하기로 선택하였으며, 그리하여 성자단을 분열된 것으로 지각한다. 그래서 예수는 우리도 우리가 예수의 사랑에서 제외되는 것을 원하지 않기에 그 누구도 우리의 사랑에서 제외시키지 말라고 가르친다.

…그 기능은 안정되지 않고 해석은 정확하지 않다.

지각의 세상은 불안정하다. 지각의 세상은 사랑이나 진리처럼 확실하지 않다. 왜냐하면 지각의 세상은 공격과 전쟁의 불안정한 상태를, 하나님을 살해하고 하나님이 우리를 살해함으로써 앙갚음할 것이라는 공포를 기반으로 삼아야만 존립할 수 있는 세상이기에, 언제나 경계 태세로 보초를 선다. 마음 안에서 일어난 이 전쟁은 일단 부인되고, 그 다음 이 세상으로서 투사된다. 그리하여 우리는 결국 몸 안에 살게 되며, 사람들이 외부에서 우리를 다치게 하고, 잡아먹으려 하며, 우리에게서 훔쳐가려 한다고 지각하였기에, 모든 사람들을 두려워하고 의심한다. 우리는 우리 자신이 사람들을 다치게 하고, 그들을 잡아먹으려하며, 그들에게서 훔쳐오려고 하기 때문에 그들을 의심하는 것이다. 투사는 지각을 만들기에, 우리는 우리 자신의 형상을 닮도록 그들을 만들어낸 것이다. 이렇게 되면 우리는 항상 등 뒤를 의식하며 누가 무엇을 하고 있나 경계할 수밖에 없으며, 끝없는 공격을 퍼붓고 있는 자는 사실 우리이기에 다음 공격이 어디에서 올지 전혀 짐작할 수 없다. 우리의 삶은 매우 불안정하며, 이는 결코 과장된 말이 아니다.

우리는 상황에 대해 에고를 기반으로 해서 해석하므로 그 해석은 정확하지 않을 것이다. 여기서 중요한 포인트는, 〈기적수업〉에서는 '지각'과 '해석'을 동의어로 본다는 것이다. 우리의 눈이 보고 우리의 귀가 듣는 것이 아니라, 그것들이 가져오는 자료를 우리가 어떻게 해석하느냐가 지각을 좌우한다. 〈기적수업〉은 두뇌가 아니라 마음이 해석하는 주체이며, 우리가 내린 해석은 우리가 원하는 해석임을 알아차리도록 도와준다. 에고는 우리가 분리와 공격과 상실을 보기를 원한다. 우리가 그러한 것을 보는 것이 우리의 존재existence를 탄생시키고 유지시키는 분리된 이익, 분리된 관심사가 있다는 에고의 사고체계를 입증하기 때문이다. 다시 말하지만 형태를 지각하는 것만큼 눈멀게 하고 속이는 것은 없다. 반면 곧이어 다루게 될 주제인 성령의 해석은 공통된 이익과 필요에 기반을 두고 있으니, 성령은 우리들 사이에서 차이를 보지 않기 때문이다.

∞ 두 가지 사고체계 ∞

　다음 문단은 여전히 1수준에 해당하는 문단이며, 허상으로 이루어진 지각 세상을 지식이라는 진리와 대조한다. 지식은 주체와 객체가 있고, 아는 자와 알려지는 대상이 있다고 대중적으로 쓰이는 것과는 달리, 〈기적수업〉에서는 이원적으로 쓰이지 않는다. 〈기적수업〉에서 쓰는 지식이라는 단어는 지극히 드문 경우를 제외하고는 언제나 천국을 의미한다. 즉 사랑의 비이원적인 현존을 의미하며, 이는 진리에 대해 영지주의 Gnosticism[4]가 내리는 정의와 흡사하다.

　반면 지각은 이원적이다. 거기에는 지각하는 자와 지각되는 대상이 있는데, 우리 자신도 지각의 대상에 포함된다. 왜냐하면 우리의 몸도 육체적, 정신적인 차원에서 우리가 지각하고 생각하는 사물이기 때문이다. 성경에 나오는 하나님이라는 등장인물을 한번 살펴보자. 성경의 하나님은 지각하는 자로서 에고의

---

4) 'Gnosticism'은 그리스어에서 따온 단어이며, 그 어원은 '지식knowledge'이다.

세상 속에 존재하며, 자녀들의 죄를 지각하고 그 지각에 대해 반응한다. 〈기적수업〉의 언어는 성경의 전통적인 표현들을 빌렸다. 수업에서 창조주는 속죄 계획과 성령을 창조함으로써 지각된 분리에 반응하는 자로, 자녀들 없이는 자신이 불완전하다 느끼며 자녀들이 떠나간 것에 눈물을 흘리는 존재로 묘사된다. 그렇지만 내용은 성경과 정반대이다. 〈기적수업〉이 사용하는 비유적 언어는 다만 우리가 두려움에 떨지 않으면서 이해할 수 있는 맥락에서 우리와 소통하는 수단일 뿐이다. 물론 완벽한 **하나임**이 곧 당신 **자신**의 지식인 하나님은 사실 분리에 대해 반응하지도 않을뿐더러 분리 자체를 모르신다. 만일 아셨더라면 하나님은 우리와 마찬가지로 정신 나간 상태로 이원적인 지각의 세상 속에 존재했을 것이다.

3문단

지식과 지각에서 상반되는 두 개의 사고체계가 생겨난다.

여기에서 예수는 하나님과 에고의 사고체계에 대해, 즉 진리와 허상에 대해 설명하고 있다.

지식의 영역에서는 하나님과 하나님의 창조물은 하나의 뜻을 공유하므로, 그 어떤 생각도 하나님과 분리되어 존재하지 않는다.

이 문장에서 핵심 단어는 하나이다. 하나님과 동떨어져서 존재하는 생각은 없으며, 창조주와 동떨어져서 존재하는 **아들**도 없다. 이 내용은 내가 앞에서 언급했던 구절을 다시 일깨워준다. "...그 **어디서도 아버지가** 끝나고 **아들이 아버지와 분리된 무엇으로서 시작하지도 않는다**"(W-pI.132.12:4). 이것이 실재의 상태이다. 이것이 지각의 세상에서는 그 반대쌍을 찾아볼 수 없는 완벽한 **하나**이다. 교과서에서 예수는 우리가 자신이 분리되어 있다고 생각하는 한 "**결합된 하나라는 개념**"은 우리에게 무의미할 것이지만, 그것은 여전히 진실이라고 말한다 (T-25.I.7:1). 이것이 천국의 상태임을 지적인 차원에서나마 이해하는 것이 중요하다. 분리된 마음의 세상인 이곳에서, 우리는 우리가 하나의 목적과 필요를, 하나의 정신 나간 사고체계나 하나의 제정신인 사고체계를, 하나의 에고나 하나의 성령을, 하나의 결정권자를 공유하고 있다는 것을 깨달음으로써 **하나임**을 반영하는 법을 학습한다. 천국에서 우리는 모두 그리스도로서 하나의 **뜻**을 공유하며, 성자단에는 차이가 존재하지 않는다.

다시 말하지만, 비록 하나님과 하나님의 창조물이라는 이원적인 맥락 안에서 예수는 말하고 있지만, 여전히 실재는 곧 **하나임**이라는 점을 명백하게 지적하고 있다. 이는 예수가 할 수밖에 없는 언어상의 타협의 한 예를 보여준다. 예수는 우리에게 실재와 **하나임**에 대하여 말할 때, 이원성이라는 틀의 범위 내에서 설명해야 한다. 그래서 예수는 용어 해설에 이 수업은 "이 수업을 필요로 하는 에고의 틀 안에 있다."(C-in.3:1)라는 말을 남겼다. 비록 예수는 우리에게 "구원이란 개념들로부터 완전하게 해방되는 것이다"(T-31.V.14:3), "말은 상징의 상징에 지나지 않고 따라서 실재에서 두 단계 멀어졌음을 잊지 않도록 하자"(M-21.1:9-10), "하나님은 말을 모르신다. 말은 분리된 마음들이 자신들을 분리의 허상에 붙들기 위해 만든 것이기 때문이다."(M-21.1:7)라고 말하지만, 에고의 틀은 언어와 개념들로 이루어진 이원성이다. 그렇기에 〈기적수업〉은 말과 개념을 사용한다. 하지만 수업은 에고의 목적과는 다른 목적을 위해 사용한다.

이제 지식과 지각이 한 곳에 나란히 놓였다.

> 그러나 지각의 세상은, 서로 간에 그리고 하나님과도 영원히 갈등하는 분리된 뜻이 있고 반대쌍이 존재한다는 믿음이 만든 세상이다.

우리가 우리 자신을 하나님과 분리되었을 뿐만 아니라, 하나님의 뜻과 분리된 뜻을 가진 자로서 하나님에게 대항하고 있다고 믿었던 존재론적 순간을 한번 떠올려보라. 실재 안에서는 그런 일이 일어나지 않았다. 하지만 세상은 그런 일이 일어났다는 믿음에 기반을 두고 있다. 그 순간에 아들은 자기 자신과 창조주를 비교하면서 다음과 같이 말했다. "나는 나의 서열이 두 번째라는 이 상황이 마음에 들지 않는다. 나는 **당신**에게 종속된 자가 되고 싶지 않다." 분리된 뜻들은 서로를 반대하는 뜻들을 지각하는 것으로 이어질 수밖에 없다. 분열된 마음 안에서 우리가 일단 분리를 실재라고 믿는다면, 우리는 공격을 통해 성립되고 보호되는 차이도 실재한다고 믿을 수밖에 없다. 이런 과정을 통해 판단 또는 심판이 사랑을 대체하여, 진실의 자리를 차지했다.

분리, 구별, 판단, 공격은 모두 다 같은 것들이다. 우리가 그 중 하나를 취한다면 나머지 모두도 취하는 것이며, 이는 우리가 하나님과 분리되었다고 믿는 바로 그 순간 우리가 하나님께 대항하고 있다고도 믿는다는 것을 의미한다. 우리는 차이를 실재인 것으로 만든 다음 차이를 판단하고, 우리가 이제 가지게 되었다고 여기는 것을 보호하기 위해 공격을 가한다. 우리는 하나님께 대항하고 있는 분리된 자아를 우리의 자아라고 믿으며, 목숨 바쳐 그 자아의 생존권을 방어한다. 우리는 모든 사람과 모든 사물을 죽인다. 육체적으로 죽이지 않으면 분명 생각 속에서 죽인다. 우리는 사람들을 이용하고 유혹하고 조종하

두 가지 사고체계

고 잡아먹음으로써, 공통된 이익 대신 자기 혼자만의 이익을 위해 사람들과 관계를 맺음으로써 죽인다. 우리는 다른 사람들이 어떻게 되든 신경 쓰지 않으며, 오로지 그들이 우리가 필요로 하는 것을 충족시킬 수 있는가에만 관심을 가진다. 이러한 행동은 우리가 실재라고 믿었던 정신 나간 생각과 함께 시작되었으며, 그 생각을 갖게 되었을 때 우리는 다음과 같은 이기적인 말을 창조주에게 전했다. "나는 **당신**과, **당신**의 완벽한 **하나임**, 완벽한 사랑에 대해서는 관심이 없습니다. 나는 오직 나 자신에게만 관심이 있습니다." 이러한 선언에 따른 극심한 죄책감이 세상을 만들어낸 에고의 망상적 체계를 가동시켰다.

하지만 만일 '관념이 그 근원을 떠나지 않는다면,' 세상은 분리를 생각했던 마음을 결코 떠난 적이 없다. 여기에 있는 모든 것은 우리가 하나님으로부터 무언가를 훔쳐왔기에 존재할 수 있고, 우리의 도적질에 대해 하나님이 보복하지 못하도록 이제 우리 자신을 보호해야 한다는 관념에서 초래된 것들이다. 하지만 이러한 개념은 〈기적수업〉이 설명하는 에고의 미신을 상징적으로 표현하고 있을 뿐임을 명심하라. 에고의 미신은 우리 개개인이 이 세상을 어떻게 살아가고 있는지, 즉 우리가 항상 방어 태세를 갖추고 있고, 훔쳐온 것을 보호하기 위해 물불을 가리지 않는다는 것을 설명해준다. 그 결과 우리는 분노하고 심판하지만, 종종 그러지 않은 듯 행동하면서 우리가 내린 심판을 위장하려 애쓴다. 우리가 증오 속에 상상되었다는 것은 여전히 사실이다. 우리는 우리의 근원이 자치권, 독립, 자유를 우리에게 주지 않았다고 믿기에 근원을 증오한다. 우리의 특별함이 요구하는 분리된 자아를 하나님께서 제공하지 않았을 때, 우리는 스스로 그 분리된 자아를 만들어냈다. 그리하여 몸은 증오심에 가득 찬 그 자아를 미화까지는 못하더라도 구현은 하게 되었으니, 몸은 우리가 분리된 개체로서 존재한다고 주장하기 때문이다. 육체적으로나 감정적으로 몸이라는 장벽에 둘러싸인 이 자아는 세상을 향해 다음과 같이 말한다. "여기에 들어오지 말지어다! 하지만 만일 네가 들어온다면, 그것은 오직 내가 너를 잡아먹고, 네게서 원하는 것을 빼앗은 다음 너를 내쫓는 일이 벌어질 수밖에 없다." 우리도 하나님께도 그렇게 말하며 서로에게도 그렇게 대한다. 더 나아가 우리는 우리가 먼저 다른 사람들을 이렇게 대했기에 다른 이들도 우리를 이런 식으로 대우하고 있음을 안다. 그 사람들은 망상에 빠진 우리의 마음 바깥에 존재하는 이들이 아니다.

여기 있는 모든 것은 서로 끊임없이 갈등하는 분리된 뜻이 있다는 믿음을 근거로 존립하니, 왜냐하면 여기에 있는 모든 것은 하나님과 갈등하기 때문이다. 우리는 자연 환경과도 끝없이 갈등하니 우리는 물이나 공기나 음식이 없으면 존재할 수 없기 때문이다. 국가와 국가도 항상 서로 갈등하니, 필요한 자원과 식량과 물품을 모두 소유한 나라는 없기 때문이다. 이로 인해 무역 산업이 생겨났으나, 공통된 이익을 충족시키기 위한 무역은 거의 찾아볼 수 없다. 각 나라가 최대한 많이 가져가고, 거기에 대해 최대한 적게 돌려주는 것이 무역의 기반이다. 세상은 이럴 수밖에 없다. 왜냐하면 우리는 목숨만 살려준다면 반드시 보답하겠다고 하나님과 거래하면서 하나님도 이런 식으로 대했기 때문이다.

다시 말하지만, 우리는 하나님과의 갈등이라는 신화를 이해했을 때 곧 이어 다루게 될 주제인 특별한 관계를 통해 우리가 무엇을 드러내고 있는지를 보다 쉽게 볼 수 있다. 게다가 그 신화를 이해하면 특별한 관계의 기원이 하나님 아들의 마음임을, 우리 개개인이 독생자의 일부이자 독생자가 품은 분열된 사고체계의 일부임을 인식하게 되고, 그로 인해 우리 모두가 같다는 것을 볼 수 있다. '관념은 자신의 근원을 떠나지 않는다'는 것을, 그 근원이란 곧 에고의 정신 나간 상태임을 우리가 이해한다면 우리는 다른 사람들에게 연민을 가지게 된다는 점도 덧붙이고 싶다. 우리는 서로 닮았기에, 같은 배를 탄 채, 함께 비참한 상태에 빠져있는 것이다. 이 점은 우리가 생명을 유지하기 위해 정신적인 차원에서 사랑과 인정을 뽑아먹어야 하는 것은 말할 것도 없고, 공기와 물과 음식을 먹어야한다는 것만 보아도 명백하다. 요약하자면 우리는 같은 근원에서 온다. 진실 속에서는 하나님으로부터, 허상 속에서는 에고로부터 온다.

> 지각을 통해 보고 듣는 것이 마치 실재처럼 보이는 이유는, 지각은 지각하는 자의 염원과 일치하는 것만 인지하도록 허용하기 때문이다.

비록 '몸'이라는 단어가 아직 서문에 등장한 것은 아니지만, 몸이 없으면 지각도 있을 수 없다. 지각은 실재인 것처럼 보이니, 우리는 바깥에 있는 것으로 추정된 자료를 마찬가지로 몸의 일부인 두뇌로 보내 거기서 해석하게 하고 우리 행동을 지시할 메시지를 전달하는 복잡한 감각 기관들로 몸을 만들어냈기 때문이다. 우리는 이러한 모든 활동이 두뇌의 복잡한 신경 감각 체계가 아니라 마음이 기획한 것임을 인식하지 못한다. 몸은 오로지 분리가 실제로 일어났음을 증명하기 위해 기능한다. 몸은 보고 듣고 맛보고 냄새 맡고 촉감과 직감을 느낀다. 토론의 주제가 오감五感이든 육감六感이든 상관없다. 그 감각들은 모두 분리와 연관된 것으로서 몸과 세상이 실재한다고 증명할 뿐이다.

우리는 지각이 은밀한 염원을 반영한다는 것을 인식하지 못한다. 세상은 내면 상태가 외부로 드러난 그림(T-21.in.1:5)일

뿐만 아니라, 분리를 실재화하면서도 거기에 대한 책임은 모두 투사하고 싶은 마음의 염원이 바깥으로 표현된 그림이다. 지각의 세상 안에서 몸은 오로지 우리가 하나님으로부터 분리되었으며, 우리가 서로 다르다는 것이 사실이고, 판단과 공격이 정당하다는 것을 증명하기 위해 존재한다. 몸은 다른 사람들의 손에 의해 우리가 얼마나 고통받고 있는지 보라고 소리친다.

프로이트는 꿈이 염원을 성취하는 수단이라고 주장했는데, 예수도 여기서 똑같은 정의를 내리고 있다. 하지만 예수가 말하는 꿈은 훨씬 더 광범위하다. 잠들었을 때 꾸는 꿈뿐만 아니라 여기 있는 모든 것이 염원을 성취하는 수단이다. 분리되고 싶지만 분리에 대한 책임은 지고 싶지 않은 염원이 우리의 의식 저변에 깔려있고, 그래서 우리는 다음과 같이 생각한다. 만일 나의 몸이 고통을 겪는다면 그것은 나의 마음이 그러기로 결정했기 때문이 아니라 내가 박테리아에 감염되고, 상한 음식을 먹었고, 맑은 공기를 마시지 못했고, 사랑과 관심을 받지 못했고, 자연의 법에 따라 노화하고 있기 때문이라고. 그리하여 우리는 이러한 것들 중 일부나 전부를 다 고통의 원인으로 삼지만, 죄책감에 시달리겠다는 우리 마음의 결정은 결코 그 원인으로 지목하지 않는다.

네게 고통과 괴로움을 가져온다고 지각했던 수많은 원인 중에 너의 죄책감은 없었다(T-27.VII.7:4).

우리는 더 나아가 육체의 삶이 완전하게 결백하고 무력한 태아로서 시작한다고 주장하며, 그 태아가 마찬가지로 결백하고 무력한, 자신이 통제할 수 없는 힘에 휘둘리는 아이로 성장한다고 여긴다. 그 어떤 방법이 지각하는 자의 염원에 부합하면서 에고의 은밀한 염원을 이보다 더 잘 성취할 수 있겠는가? 어린아이의 삶은 다음과 같이 주장한다. "나는 존재하지만, 내가 나 자신을 존재하게 만든 것이 아니다. 태어나고, 배고파하고, 기저귀 발진 때문에 고생하고, 부모님한테 거부당하는 것은 내가 내린 결정이 아니었다. 나는 나 자신을 돌볼 수 없다." 우리가 상징을 넘어 근원을, 형태를 넘어 내용을 살펴보면, 이 주장이 에고의 실체를 명백하게 드러내고 있음을 볼 수 있다. 하루를 살든, 사십이나 오십 혹은 아흔 살을 살든 우리는 똑같은 바를 주장하고 있다. 우리 모두가 모든 걸 집어삼키는 입을 가진 아기들이며, 우리 입은 이렇게 말한다. "나를 먹여 살려라. 만약 내 말을 듣지 않고 나를 굶긴다면 어떤 일이 일어나는지 너와 온 세상에 알리겠다."

모든 이들이 이 점을 이해한다. 왜냐하면 사람들은 모두 같은 에고의 은밀한 염원을 나타내는, 같은 몸을 가지고 있기 때문이다. 이를 인식하면 우리 삶들이 그릇된 같은 마음의 길을

두 가지 사고체계

걷고 있음을 보기에, 서로 무관한 듯 보이는 우리의 경험들을 통합할 수 있게 된다. 여기에서의 모든 삶은 은밀한 염원에 순응하며, 에고는 각 삶이 그 염원을 훌륭하게 성취하고 있다고 여긴다. 몸은 계속 작동하기 위해 바깥에서 무언가를 섭취하지 않으면 생존할 수 없으며, 이것 또한 에고의 전략을 드러낸다. 만일 이것이 꿈이라면 우리는 왜 자급자족하지 못하는, 바깥에 있는 무언가를 필요로 하는 몸을 만들었는가? 이에 대한 답은 간단하다. 바로 그것이 에고적 생각의 기원이며, 에고는 우리가 하나님의 사랑을 필요로 하고 따라서 하나님을 먹이로 삼아야 한다고, 우리는 가진 것이 없기에 하나님의 권능을 훔쳐와야 한다고 생각한다. 마음과 몸 둘 다 같은 것에서 왔기 때문에, 몸은 다만 원래 생각의 그림자일 뿐이다. 그 허상적인 생각이 허상적인 세상으로 이어졌으나, 자신의 근원을 떠난 적은 결코 없다.

　다시 말하지만, 우리가 느끼는 감정이 온통 다른 사람이나 사물의 탓이라는 점을 증명하기 위해 설계된 우리의 일상생활에서, 분리는 실제로 일어났지만 나에게 분리에 대한 책임이 없기를 바라는 은밀한 염원이 어떤 방식으로 그 모습을 드러내는지 관찰해보는 것은 유익하다. 우리는 아침에 좋지 않은 몸 상태로 일어나게 되면 수많은 원인을 지목할 수 있다. 병들었거나 근심거리 때문에 앓는 것일 수 있고, 무언가 잘못 먹었거나 날씨가 갑자기 변했거나 가기 싫은 모임을 앞두고 있을 수도 있으며, 악몽을 꾼 것일 수도 있다. 이 모든 것은 마음과 아무런 관련이 없다. 그것들은 마음이 낳는 결과일 뿐이다. 다른 식으로 표현하자면, 에고는 우리로 하여금 지각의 법칙을 통해 하나님과의 분리가 실제로 일어났지만, 그것은 우리의 책임이 아니라는 결론을 내릴 수 있게 해준다.

이것이 허상의 세상으로 이끄는데, 허상의 세상은 실재가 아니라는 이유 때문에 지속적인 방어가 필요하다.

위의 문장은 지금 우리가 다루고 있는 주제에 매우 적절한 구절이다. 에고가 세운 특별함의 연속체 중 그 어떤 일부라도 증오와 심판과 분노의 대상으로 삼는다면 이는 방어적인 태도이다. 하나님의 사랑을 경험하면 그 무엇도 방어할 필요가 없다. 왜냐하면 하나님의 사랑을 경험하면 나 자신이 하나님과 분리되어 있지 않음을 알게 되기 때문이다. 이는 죄, 죄책감, 형벌에 대한 두려움도 투사도 없고, 따라서 방어적일 필요가 없음을 의미한다.

우리는 오직 허상만을 방어한다. 사람들이 성경이든 〈기적수업〉이든 상관없이 자신의 종교적인 신념을 이단자들로부터 보호하고자 한다고 말할 때, 우리는 그들이 하나님의 사랑에 대한 경험이 아니라 자신들이 숭배하는 에고적 신의 사랑을 토대로 말하고 있음을 인식한다. 에고적 신의 사랑은 분명 보호와 방어를 필요로 한다. 〈기적수업〉은 수업을 옹호할 사람들, 수업을 가르치고 수업의 내용이 진리임을 선언할 사람들을 필요로 하지 않는다. 우리 자신이 곧 진리이다. 그러므로 우리의 현존 자체가 곧 교사이다. 우리가 무언가를 방어하려고 할 때, 다른 사람에게서 우리 자신을 방어하거나, 예를 들어 〈기적수업〉처럼 우리가 믿는 관념을 방어하려 할 때, 우리는 허상을 방어하고 있는 것이다. 진리와 사랑의 현존 안에서는 보호할 것이 아무것도 없으니, 그 무엇도 위험에 처하지 않았기 때문이다.

에고의 사고체계는 하나님께 끔찍한 일이 일어났다는 거짓말과 함께 시작되었다. 그러한 불가능한 일이 일어났을 때 천국의 노래에 음표 하나가 빠졌을 뿐만 아니라, 교향곡 전체가 파괴되었다. 하나님은 괴멸되었고, 하나님의 아들은 십자가에 못박혔으며, 천국의 사랑은 사라졌다. 실제로는 그런 일이 일어나지 않았지만, 에고는 우리에게 이런 일이 일어났다고 말했다. 에고는 무언가가 일어났고, 거기에 대해 반응할 필요가 있었으며, 그래서 방어라는 영리한 조치를 취하게 되었다고 말한다. 교과서에는 다음과 같은 중요한 구절이 실려 있다. "**모든 방어는 방어하고자 하는 것을 행한다**"(T-17.IV.7:1). 방어의 목적은 우리를 두려움으로부터 보호해주는 것이다. 두려움은 우리가 무언가를 먼저 행했기에, 즉 죄를 지었기에, 우리도 무언가 당할 것이라고 주장한다. 겉으로 보기에는 방어의 목적이 우리를 보호하는 것 같지만, 방어는 우리가 무언가를 다치게 했기에 우리도 다칠 수 있다는 것이 사실임을 확인시켜 줄 뿐이다. 그러므로 방어는 두려움의 원인인 죄에 대한 생각을 강화시킨다. 방어는 자신이 방어하는 것을 행하지만 우리는 오직 허상만을 방어할 뿐이다.

다시 말하지만 진리는 방어를 필요로 하지 않는다. 하나님, 예수, 예수의 수업 또한 방어를 필요로 하지 않는다. '우리'는 방어할 필요가 없다. 이것이 연습서의 다음과 같은 아름다운 가르침이 전하려는 메시지이다. "나의 안전은 **방어하지 않음에 놓여 있다**"(W-pI.153). 에고는 언제나 방어적인 자세를 취하며 만약 우리도 그러한 상태를 취한다면 우리는 우리가 상처받을 수 있다는 것을 더욱 굳건한 사실로 확립시키고 있는 것이다. 그렇게 되면 어떻게 안전할 수 있겠는가? 여기에 있는 적으로부터 나 자신을 보호할 수 있을지는 모르겠지만, 저쪽에 있는 적도 막아낼 수 있을까? 내일 만나게 될 적은 막아낼 수 있을까? 우리는 죄책감을 해제하지 않으면, 두려움의 근원도 해제하지 않는다. 죄책감은 죄를 범했다는 전제에서 생겨난 것이다. 하나님의 사랑이 산산조각 났고, 그것을 파괴한 것은 우리였다! 어떤 형태로든 분리를 실재인 것으로, 우리 자신을 서로 분리

두 가지 사고체계   65

된 존재로 만들기만 하면 우리는 이것이 실재임을 증명할 수 있다. 반면에 이 오류를 교정하고자 한다면 우리는 다른 사람들의 관심사와 이익이 우리의 관심사와 이익과 같음을 보기만 하면 된다. 그러면 분리는 사라지며, 이는 죄책감, 투사, 두려움이 없다는 의미이다. 그 결과, 방어도 필요 없게 된다. 그러므로 우리는 꿈에 반영된 천국의 결백을 무방어 상태라고, 우리 자신과 다른 사람들을 보호하기 위해 무언가를 행할 필요가 없다는 확신이라고 일컬을 수 있다. 여기 나온 말은 내용과 생각과 관련된 것이지 형태나 행동에 연관된 것이 아님을 명심하는 것이 중요하다.

이로써 1수준에 대한 토론은 끝났다. 서문의 나머지 내용은 2수준의 틀 안에서 전개된다.

제 2 장

2수준 : 지각의 세상 - 예고와 성령

1장에서 보았듯이, 1수준은 진리와 허상을, 지식과 지각을 대조한다. 반면 2수준은 오직 허상과 지각을, 즉 꿈만을 다룬다. 이번 단계는 그른 마음 상태에서 오는 에고의 지각과 분리된 관심사를, 바른 마음 상태에서 오는 성령의 지각과 공통된 관심사와 대조한다. 둘 다 허상이다. 하지만 그른 마음 상태에서 죄책을 지각하는 것은 허상을 강화하고 더 깊은 허상으로 빠져들게 만드는 반면, 바른 마음 상태에서 용서를 지각하는 것은 허상을 해제한다. 용서가 죄책을 해제하면 둘 다 사라지며, 에고와 성령도 마찬가지로 사라진다. 이것이 바로 실재 세상이라 일컫는 상태이며, 서문은 이 상태를 다루면서 끝난다.

예수는 분리된 마음으로는 지식을 이해할 수 없다는 점을 이미 지적했기에 지식에 대해서는 일단 제쳐둔다. 우리는 결코 사랑과 **하나임**을 여기서는 이해할 수 없지만, 모든 이들에게 같은 필요, 같은 문제, 같은 목표가 있음을 지각함으로써 사랑과 **하나임**을 반영하는 법을 학습하고, 연습하고, 경험할 수는 있다. 우리는 그 방법으로 분리와 지각이라는 에고의 꿈에서 벗어난다.

∽ 꿈에서 벗어나기 ∽

4문단

지각의 세상에 갇혀 있는 동안 너는 꿈속에 갇혀 있는 것이다.

예수는 허상인 지각의 세상에 대한 가르침을 전할 때 꿈의 비유를 주요 수단으로 사용한다. 예수는 우리가 "**하나님 안의 집에서 망명을 꿈꾸고 있다**"(T-10.I.2:1)고 말했는데, 이는 우리가 하나님 안에서 깨어있지만 망명을 꿈꾸고 있다고 표현했어도 같은 의미였을 것이다. 모든 사람들이 꿈이라는 표현에 익숙하기에, 꿈을 상징으로 사용하는 것은 유익하다. 프로이트는 꿈에 대한 이해를 토대로 정신 분석법을 고안하고 일반화시켰다. 예수도 본질적으로 이 작업을 똑같이 하고 있다. 내가 앞에서 언급한 바와 같이, 예수는 잠잘 때 꾸는 꿈에 대한 관념들을 더 확장시켜 이 세상 자체가 꿈이라고 설명한다. 우리들 모두 밤에 꾸는 꿈이 어떤 것인지, 잠들어 있는 동안에는 꿈이 매우 실재인 듯 보이다가, 깨어나면 꿈은 순식간에 전혀 실재가 아니게 된다는 것을 대강은 알고 있다. 잠잘 때 꾸는 꿈을 통해 우리는 우리가 경험하는 모든 것들에 깔린 원리를 추정해볼 수 있다. 우리가 깨어있는 동안, 즉 우리 자신이 깨어있다고 생각하는 동안, 세상은 매우 실재인 듯 보이며, 우리는 그 속에서 실제로 사건들이 일어난다고 생각한다. 하지만 사실은 그렇지 않다. 세상은 오직 마음속에서 일어난다. 그러므로 하루를 보내며 이 세상을 진실로 존재하는 것으로서 경험할 때 우리는 이것이 꿈이라는 것을, 잠잘 때 꾸는 꿈이 매우 실재인 듯 보일 수 있다는 것을 기억해야 한다. 이 기억은 우리의 삶을 예전보다 덜 심각하게 여길 수 있게 해준다.

꿈의 본질을 지적으로 이해하는 것이 꿈의 원리와 경험을 통합하는 첫 번째 과정이며, 세상에 우리를 지배할 힘을 더 이상 주지 않을 때 우리는 우리가 그 방향으로 진전하고 있음을 알 수 있다. 물론 우리는 우리가 처한 상황을 부인하거나 무시하지 않고, 일어나는 사건을 무감각하게 대하지 않는다. 하지만 우리는 더 이상 그것들이 우리의 평화를 앗아갈 수 있다고 보지 않으며, 이것이 세상을 허상으로 본다는 것의 의미이다. 다른 식으로 요약하자면, 우리는 세상이 있음을 부인하는 것이 아니라, 세상이 우리를 병disease들게 하거나 불편dis-ease하게 하거나 평화를 상실하게 만드는 원인임을 부인하는 것이다. 물론 세상은 우리의 몸을 지배하며, 몸은 고통을 느끼고 파괴될 수도 있다. 하지만 우리의 마음에는 아무런 영향을 미칠 수 없다. 세상은 오직 꿈속에서만 힘을 발휘할 수 있으며, 우리의 마음이 분리를 꿈꾸고 있는 동안 우리를 걱정과 분노와 우울에 빠뜨리거나, 행복하게 하거나, 병에 걸리게 만들 수 있다는 것은 틀림없다. 하지만 우리가 눈을 뜨게 되면 꿈은 사라지며, 우리는 꿈이 진정한 힘을 전혀 가지고 있지 않았음을 깨닫게 된다. 허상에 불과한 문제를 해결하려 총력을 기울이던 예전의 맹렬함도 사라진다. 그와 같은 욕구가 사라지면 우리는 세상과 더욱 효율적으로 관계할 자유가 생긴다. 갈등이 사라지면 일상생활을 방해했던 긴장 상태도 함께 사라지기 때문이다. 우리는 이와 같이 세상에게 우리의 평화를 앗아갈 힘이 전혀 없다고 보는 과정을 시작하라는 요청을 받는다. 우리가 사랑하는 지인에게 무슨 일이 일어나든 우리가 그 사건에 힘을 주지 않는 이상 그러한 일들은 우리에게 아무런 영향을 미칠 수 없다. 꿈의 등장인물에 대해 다음과 같이 설명하는 교과서의 중요한 구절을 떠올려보라.

> 그들이 증오에 불타고 악하더라도 내버려두라. 그것이 너의 꿈임을 인식하기만 하면 그들은 네게 아무 영향을 줄 수 없다(T-27.VIII.10:6).

세상이 아무리 무자비할지라도 오직 우리가 세상이 꿈임을 잊었을 경우에만 세상은 우리에게 영향을 미칠 수 있다. 세상이 꿈임을 기억할 때 세상에서 일어나는 그 어떤 일도 우리 내면의 평화를 흔들지 못한다. 우리는 육체적으로 정신적으로 트라우마가 될 만한 이 세상에서의 상황을 부인하는 것이 아니라, 그것이 우리의 평화를 흔들 수 없음을 인식함으로써 극복해나간다. "이것은 나와 아무런 상관이 없다. 이것은 나의 몸과 내가 사랑하는 이들의 몸에 연관된 것일 수는 있다. 그러나 나의 마음과는 전혀 무관하며, 나는 마음이다." 이렇게 인식하는 데에는 많은 노력과 연습이 필요하지만, 연습의 과정 중에서 우리는 적어도 우리가 올바른 교실에서 올바른 교사 아래 지도받고 있음을 알 수 있다. 우리는 아직 유치원이나 어린이집 심지어 유아방 수준에 있을 수도 있으나, '일단 학교를 다니고 있지 않은가.' 그리하여 우리의 삶에는 위대한 의미가 주어지게 된다. 우리는 진실로 학습하고 있기에, 우리 삶이 의미 있음을 확신한다. 모든 것을 교실의 목적으로 사용하도록 도와주는 올바른 교사를 선택한 우리는 주위 상황들이 우리 정체에 아무런 영향을 미치지 못한다는 것을, 세상이 무엇을 하든 우리의 노래에 음표 하나라도 빠뜨리게 만들지 못한다는 것을 배운다. 그러므로 우리가 부르는 용서의 노래는 천국에서 울려 퍼지는 사랑의 노래를 행복하게 반영한다.

너는 도움이 없이는 여기서 벗어날 수 없다.

교과서 초반부에 실린 구절을 빌리자면, 에고의 사고체계는 너무도 잘 고안되어 있기에 "누구에게나 통한다fool-proof" (T-5.VI.10:6). 이는 우리가 일단 에고의 사고체계 안으로 들어오면, 그 체계 안에서는 빠져나갈 길이 없다는 의미이다. 삶의 역경을, 학교나 사람들과의 관계나 직장 생활을 하면서 겪었던 어려운 시기들을 극복하게 해주었던 기술, 능력, 재주, 장점들은 우리가 꿈에서 깨어나지 못하게 막는다. 그러한 것들은 꿈속에서 살아남는 데에는 도움이 되었지만, 꿈에서 깨어나는 것은 돕지 못했다. 그러므로 우리가 계속해서 이러한 것들에 의지하면, 우리는 결국 우리 자신에게 의지하게 된다. 단도직입적으로 말하자면, 우리는 에고 바깥에서 오는 도움을 필요로 한다.

… 너의 감각은 꿈의 실재성을 입증하는 것만을 보여주기 때문이다.

감각이 우리에게 보여주는 것 말고도 문제는 또 있다. 감각이 보여주는 것으로 우리의 두뇌가 무엇을 하는지도 문제이다. 정도의 차이는 있겠지만 우리는 모두 여기서 생존하는 법, 우리의 필요를 충족시키는 법을 배워왔다. 우리는 세상에서 자료를 받아 분석한 다음, 거기에 따른 행동 계획을 구상한다. 이 과정에서 어떤 사람들은 다른 사람들보다 더 탁월한 능력을 발휘하는 듯 보이지만, 모든 사람들이 어떻게든 살아남을 방도를 마련한다. 자궁 속에서 우리는 스스로 아무것도 하지 않지만, 태어난 후 우리 몸은 이상하고 적대적인 환경에 재빨리 적응하는 법을 배운다. 성장해가면서 우리는 숨을 쉬고, 먹고, 스스로를 보살피는 법을, 육체적 정신적인 차원에서 세상에 대응하는 법을 터득한다. 이러한 학습은 우리에게 정말로 필수적이다. 이를 배우지 않으면 우리는 아동기를 거쳐 성인이 될 수 없다.

이 모든 것은 꿈에서 깨어나기 위해 우리 스스로에게 의존할 필요가 없다고 가르쳐줄 교실의 필수적인 부분이다. 물론 우리는 여기서 생존하기 위해 우리 자신에게 의존해야 했었지만, 꿈에서 깨어나려면 우리는 체계 바깥에서, 몸과 두뇌 바깥에서 오는 도움이 필요하다. 에고의 사고체계는 **"누구에게나 통하는지 모르지만 하나님께는 통하지 않는다"**(T-5.VI.10:6). 하나님, 진리, 실재, 사랑은 에고 바깥에 있다. 하지만 하나님에 대한 기억은, 즉 우리가 떠나온 곳이라고 믿을 뿐만 아니라 우리가 파괴했고 우리를 파괴시키기로 작정했다고 믿는 실재에 대한 기억은 우리의 분열된 마음 안에 성령으로 남아있다. 그러므로 우리는 도움이 필요하다. 우리의 "감각은 꿈의 실재성을 입증하는 것만을 보여주기 때문이다."

우리는 예수를 우리 마음 안에 머무르면서 우리를 불러 꿈을 떠나라고 말하는, 꿈의 바깥에서 온 빛과 같은 존재라고 말할 수 있다. 우리는 몸 안에서 그의 사랑을 경험하지만, 그것은 오직 몸을 넘어 마음으로 인도되기 위함이다. 유감스럽게도 세상은 예수를 몸의 꿈속으로 끌어들여 꿈의 일부로 만들었다. 하지만 예수가 헬렌에게 말했듯이, "나(예수)는 흉내를 내어 조롱하기 위한 꿈이 아니다"〈The Gifts of God 하나님의 선물 p.121〉. 이 말의 의미는 예수가 하나님의 창조물을 엉터리로 흉내 내며 웃음거리로 만드는 꿈의 일부가 아니라는 것이다. 그러므로 예수는 실재를 상징하는 자신의 생각을 우리의 것으로 삼으라고, 그 생각의 인도를 따라 꿈을 벗어나 실재로 나아가라고 초대한다.

> 하나님은 탈출할 수 있는 유일한 길이요, 진정한 협력자인 **답**을 보내주셨다.

여기서 수업이 또다시 이원적인 언어의 틀에서 말하고 있음을 주목하라. 하나님께서 문자 그대로 답을 제공한 것은 아니다. 만일 하나님이 그랬다면, 하나님도 문제가 있다고 인식하셨을 것이다. 그러면 우리는 더 큰 문제를 직면하게 된다. 왜냐하면 하나님도 존재하지 않는 것을 보고 있는 우리의 정신 나간 상태를 공유하기 때문이다. 바로 그것이 성경에 등장하는 하나님이 변덕스러운 이유, 좋은 날도 있고 나쁜 날도 있는 이유이다. 성경의 하나님은 불안정할 수밖에 없다. 왜냐하면 성경의 하나님의 불안정함은 에고의 불안정한 생각에서 왔기 때문이다. 이와 같이 우리의 **근원**은 꿈속으로 끌려들어 왔으며, 죄를 보고 죄를 심판한 다음 예수를 희생양으로 세상에 내어주는 것으로 끝맺는 끔찍한 계획을 세운 지각의 하나님이 되었다. 우리가 어렸을 때부터 들어왔던 성경의 신화를 한번 보자. 성경의 신화는 하나님의 진노, 보복, 최후의 심판에 초점을 맞추고 있으며, 만약 우리가 이집트 사람, 신전에서 일하는 환전상, 필경사, 바리새인, 염소, 십자가에 못 박힌 예수를 비웃었던 강도라면 천국의 도움을 받지 못한다고 주장한다. 성경에 나온 하나님은 당신의 용서와 자비와 사랑을 누구에게 베풀지 선별한다는 것은 분명하다. 하나님을 종교라는 형태로 믿든 믿지 않든, 우리는 모두 다음과 같이 주장하는 신화를 믿는다. 나는 죄를 지었고, 나의 죄가 사실로 인지되었으며, 내가 지은 죄에 상응하는 벌을 받는다. 이 주장은 우리가 실재라고 여기는 죄지은 상태를 표현하고 있으며, 그 상태는 두 번째5)와 세 번째6) 혼돈의 법칙을 반영한다. **아들**이 **아버지**에게 자신이 죄를 지었다고 말하고, **아버지**는 **아들**의 말을 믿고서, 거기에 보복함

---

5) 두 번째 혼돈의 법칙 : 사람은 누구나 죄 지을 수밖에 없고, 따라서 공격 받고 죽어 마땅하다.
6) 세 번째 혼돈의 법칙 : 하나님은 아들이 죄를 지었다고 믿는 것을 받아들이고, 그에 따라 아들을 미워할 수밖에 없다

으로써 속죄를 실행한다(T-23.II.4-8).

여기서의 아버지는 이원적인 세상을 완전히 초월한 〈기적수업〉의 하나님이 아니라는 것은 분명하다. 하지만 세상은 성경에 등장하는 신을 하나님이라고 여기기에 예수도 우리에게 익숙한 언어를 사용하며, 창조주가 마치 호모 사피엔스의 일원인 것처럼 설명한다. 물론 진실로는 하나님은 인격체가 아니지만, 우리는 우리 자신을 인격체라고 생각하기에 일단 하나님도 인격체로 다루어야 한다.

자신을 몸 안에 있다고 보는 네가 자신이 관념임을 알 수 있겠는가? 너는 네가 인식하는 것을 그것의 바깥 표면과 동일시한다. 너는 몸이 없는, 혹은 네가 인식한다고 여기는 형태 속에 있지 않는 하나님은 생각조차 할 수 없다(T-18.VIII.1: 5-7).

그러므로 우리는 〈기적수업〉이 사용하는 언어 때문에 혼란에 빠질 것이 아니라, 아름다운 상징들이 담겨있는 위대한 서사시를 감상하듯 수업을 읽어야 한다. 다시 말하지만 우리는 상징과 근원, 말과 실재를 혼동하지 않도록 주의할 필요가 있다. "모든 상징 너머"(T-27.III)에 명시되어 있듯이, 상징은 우리로 하여금 상징 너머로 나아가게 해주는 방편으로 사용되어야 한다. 〈기적수업〉은 우리 자신이 꿈속의 어느 위치에 있다고 생각하든 그곳에서 우리를 만나 꿈에서 깨어나게 해주는 데에 사용되는 상징의 모음집이다. 그러나 상징 자체가 실재인 것은 아니다.

나는 앞에서 모두가 하나로 결합된 존재인 '하나임의 개념'은 우리가 결코 이해할 수 없다는 구절을 인용했었다(T-25.I.7:1). 예수는 우리 자신이 처해있다고 여기는 상태에서 소통되는 언어로 하나임이 우리에게 말해야 한다는 설명을 덧붙인다.

> 그러나 교사는 분열된 마음이 처해 있다고 여기는 조건에서 그 마음이 이해할 수 있는 언어를 써야만 한다(T-25.I.7:4).

여기서 말하는 상태란 분리되어 있는 이원적인 상태이며, 따라서 천국에 속한 사랑인 **하나임**은 우리의 이원적인 상태를 반영하는 상징들을 통해 우리와 소통한다. 그러므로 〈기적수업〉의 언어는 구체적인 목적을 지니며, 그것은 성령의 목적과 조화를 이룬다. 나중에 보게 되겠지만, 성령은 우리의 특별한 관계들을 빼앗아가지 않는다. 성령은 그 관계들을 변형시킨다. 따라서 예수도 우리의 이원적인 언어를 빼앗아가지 않고, 변형시킨다.

예수는 에고가 만든 신화의 같은 요소들, 즉 우리가 죄를 지었고, 하나님이 우리의 죄를 인지하고 거기에 대응하셨다는 신화적인 요소들을 사용하여 새로운 이야기를 들려준다. 하지만 예수의 신화는 온화한 의미를 담고 있으며, 두려움을 일으키지 않는다. 이것은 우리를 사랑하는 형제인 예수가 우리에게 이불을 포근히 덮어주며 다정하게 들려주는 동화이기 때문이다. 그것은 에고가 밤마다 우리에게 들려주던 이야기와 같은 시나리오, 같은 등장인물들로 이루어져 있지만, 내용은 완전히 다르다. 하나님의 답은 우리 자신을 희생시켜 속죄되라는 것이 아니니, 하나님의 답은 죄책감을 강화시키지 않으며, 우리의 죄 때문에 누군가가 고통을 겪고 죽어야 한다고 주장하는 '이것 아니면 저것, 둘 중 하나'의 원리에 기반을 두고 있지 않기 때문이다. 그러므로 예수가 들려주는 동화는 문자 그대로 진실이라고 여길 이야기는 아니다. 예수가 이 동화를 통해 의도하는 바는 그른 마음 상태에서 지어낸 에고의 이야기를 바른 마음으로 교정하는 것이다. 〈기적수업〉은 '에고가 먼저 말하지만 에고는 틀렸으며, 성령이 거기에 대한 **답**'이라고 가르친다(T-5.Ⅵ.3:5; 4:1-2). 그러므로 〈기적수업〉은 에고에 대한 답이다. 우리를 에고의 악몽인 세상에서 집으로 인도하는 우리의 손위 형제 예수는 죄, 죄책감, 두려움, 하나님의 진노와 천벌, 우리의 고통과 죽음으로 이루어진 에고의 이야기를 바로잡는다.

두 세상을 중재하는 것이 바로 하나님의 **음성**인 성령의 기능이다.

사실 성령은 우리가 잠들었을 때 꿈속으로 함께 데려간 하나의 **생각**이요, 그리스도라는 우리의 **정체성**과 하나님의 **사랑**에 대한 기억이다. 성령을 하나의 생각으로 여기면 우리는 형태와 내용을 혼동하는 에고의 덫에 걸리지 않을 것이다. 교과서는 성령을 "현재 상태를 담은 기억"이라는 역설적인 표현으로 묘사하는데, 이 기억은 우리를 되돌려 진리와 연결하고, 그저 현존함으로써 우리와 결코 분리된 적이 없는 사랑이 존재한다는 것을 우리에게 일깨워준다(T-28.I). 예를 들자면, 사랑하는 사람이 죽어 그의 몸은 사라지더라도 우리는 그 사람을 떠올리게 하는 상징, 생각, 추억들을 통해 그 사람과 여전히 연결되어 있다. 우리는 이와 같이 그 사람과 계속해서 연결되어 있으며, 우리가 그를 용서했는지 용서하지 못했는지에 따라 그 사람에게 사랑이나 분노를 느낀다. 정신적인 차원에서는 그 사람이 우리 곁에 있기에, 우리는 마치 죽은 사람이 여기에 있는 것처럼 반응한다.

그러므로 사랑을 상징하는 생각 또는 기억인 성령은 내가 앞에서 인용했던 부분인 "**진리로의 연결 고리**"(T-25.I)에서 설명된, 진리와 허상의 세상 사이를 이어주는 중재자이다. 성령은 마치 인격체인 것처럼 묘사되지만, 우리는 그러한 표현들이 비록 도움은 되더라도 사실 상징에 지나지 않을 뿐임을 알아차려야 한다. 우리가 아침에 일어나 세면대 거울에 비친 형상을 보면서 그 형상마다 제각기 이름이 있고 역사가 있다고 믿는 이상, 우리는 우리 마음 안에서 에고가 아닌 것의 현존을 나타내는 상징을 필요로 한다. 〈기적수업〉에서는 우리에게 하나님을 일깨워주는 예수와 성령이 그 상징이다. 물론 **그들**에게 끊임없이 도움을 청하는 것도 좋지만, 우리는 집을 향한 여행길을 나아가면서 **그들**이 우리의 **자아**이자 우리가 그들의 **자아**라는 것을 점점 더 확실하게 인식하게 될 것임을 알고 있어야 한다. 다시 말하지만, 우리가 <u>스스로</u>를 분리된 존재로 보는 이상 우리는 하나님의 합일로 우리를 인도할 하나님의 상징을 필요로 하며, 물론 그것도 상징이기에 분리되어 있다.

> 성령은 한편으로는 진리를 알고 한편으로는 우리의 허상을 인식하지만 실재라고 믿지는 않기에, 이 일을 해낼 수 있다.

성령은 우리의 마음 안에 있는, 우리의 경험들을 가져갈 곳인 진리의 형판形板이다. 성령인 바로 그 **생각**이 그저 현존함으로써 우리에게 우리가 하나임을 일깨워준다. 누군가를 우리와 다르고 분리된 자로 보고 싶은 유혹이 들 때마다, 그 차이점들 때문에 그 자를 심판하는 것이 정당하다고 느껴질 때마다 우리 안에는 이러한 잘못된 지각들을 가져갈 수 있는 **누군가**가 있다. 〈기적수업〉은 허상을 진리로, 분리된 관심사나 이익을 공통된 관심사나 이익으로 가져가라고 가르친다. 성령은 그 진리를 나타내는 위대한 상징이며, 우리는 그를 통해 우리의 허상을 인식하는 법을 배운다. 그러므로 우리는 누군가를 우리와 다르다거나 분리되어 있다고 느낄 때마다, 다른 사람에게 무언가를 요구하게 만드는 필요나 욕구를 느낄 때마다, 우리가 잘못된 교사에게 귀를 기울이고 있음을 알 수 있다. 이렇게 해서 우리는 다시 선택할 수 있고, 우리 에고의 허상을 성령의 진리로 가져갈 수 있다.

> 성령은 우리의 사고를 역전시키고, 잘못 배운 것을 지우는 방법을 가르쳐 우리가 꿈의 세상을 벗어날 수 있도록 돕는 것을 목표로 한다.

지금 우리는 실재 또는 지식의 관점에서 말하고 있는 것이 아님을 명심하라. 꿈속에는 우리의 사고방식을 역전시키고 우리의 잘못된 배움을 지워가는 과정이 있다. 교사용 지침서에서 예수는 이 세상에서의 진정한 배움이란 기존에 배운 것을 지우는 과정이라고 말한다(M-4.X.3:7). 이미 보았듯이 에고가 먼저 말하며, 에고는 틀렸다. 우리는 다만 에고가 얼마나 틀렸으며,

우리가 에고를 선택한 것이 얼마나 큰 실수였는지를 배우기만 하면 된다. 하지만 에고가 가르친 것을 지우려면 먼저 에고가 무엇을 가르쳤는지를 배워야 한다. 〈기적수업〉이 에고의 역동성, 특히 특별한 관계에서 펼쳐지는 역동성에 대해 이해해야 한다는 점을 매우 강조하는 이유가 바로 거기에 있다. 우리가 무엇을 배웠고 무엇을 선택했는지 모른다면 어떻게 그러한 배움을 지우고 다른 선택을 내릴 수 있겠는가? 우리의 행동은 우리의 배움에 따른 결과이지만, 에고는 우리 자신일 뿐이기에 우리를 가르친 자는 우리 스스로였음을 인식하지 못한다.

이제 우리는 〈기적수업〉이라는 명칭이 붙여진 이유와 〈기적수업〉이 교과서, 학생용 연습서, 교사용 지침서, 심리 치료, 기도의 노래라는 교육적인 형태로 오게 된 이유가 우리가 학교에 있기 때문임을 이해할 수 있다. 더 나아가 〈기적수업〉은 우리의 특별한 관계와 같은 구체적인 교육 과정을 갖추고 있으며, 우리의 학습과 연습을 도와줄 **교사**는 성령이나 예수이다. 그러므로 〈기적수업〉은 에고의 사고체계에 대해 가르침으로써 에고가 우리 마음의 일부임을 알아차리게 해주는 교육 체계라고 볼 수 있다. 우리는 수업을 통해, 우리에게 분리를 가르쳐준 것은 세상이 아니라 에고와 자신을 동일시하겠다는 마음의 결정이었음을 배운다. 마음은 결정을 내린 다음 그 결정을 잊고 투사했으며, 그래서 이제는 마치 세상이, 부모 형제가, 다른 사람들이, 〈기적수업〉이 우리를 가르치는 것처럼 보인다. 하지만 바깥에는 우리를 가르치는 사람이 없다! 분리의 세상은 허상의 세상이며, 우리는 우리 자신을 가르치고 있다. 즉 우리의 정신 나간 자아가 정신 나간 사고체계를 스스로에게 가르치고 있으며, 이 체계는 같은 자아가 우리에게 교정하는 법을 가르쳐줄 때 교정될 수 있다. 결정을 내리는 우리의 자아는 긍정적인 것을 가르치기보다는 부정적인 것을 해제한다. 즉 무엇이 실재인지 가르치기보다는 실재가 아닌 것을 해제한다. 우리가 배웠던 에고가 해제되어 사라지면 사랑에 대한 기억만이 남게 되고, 우리는 이제 그 기억과 우리 자신을 동일시한다. 이것이 실재 세상이며, 이 시점에서 모든 것이 사라진다.

다시 말하지만 이 과정은 우리가 배운 실수를 지우는 것으로 이루어져 있다. 이는 우리가 일단 실수를 범했다는 것을 알아차려야함을 의미한다. 사실 우리의 부모와 선생님, 우리가 따르던 종교 지도자나 정치인들이 우리에게 상처를 준 것이 아니다. 우리가 에고를 선택하는 실수를 범하고 그 실수를 세상에 투사했을 때, 우리가 우리 자신을 다치게 한 것이다. 우리는 우리를 학대하고 우리를 희생시킬 수 있는 세상에, 우리를 차갑고 무관심하게 대하며 우리에게 주어야 할 사랑을 주지 않고 형벌을 내릴 수도 있는 세상에 우리의 실수를 투사하였다. 하지만 우리가 우리를 가르치도록 세상에 준 것을 우리 자신이 배웠다는 사실은 여전히 변함이 없다. 이는 다른 사람들이 그들 자신의 에고에 대해 아무런 책임이 없다는 말이 아니다. 이는 우리가 세상에서 경험하는 것들이 우리 마음과는 완전히 무관하다는 말이다.

앞에서 언급된 요점을 복습하자면, 우리의 삶 속에서 우리가 우리 각자의 특별한 정체들을 잘 보전하고 그 특별함을 다른 사람들의 탓으로 돌리려는 은밀한 염원을 어떤 방식으로 실현하고 있는지 관찰해보는 것이 유익하다. 그 누구도 그 무엇도 우리를 신경증이나 정신병, 또는 신체 질환에 걸리게 만들지 않았다. 우리의 마음이 그러한 질병을 선택하였으며, 그런 다음 마음은 사람들에게 우리의 불편한 상태가 정당하다는 것을 보여줄 수 있는 상황들도 선택하였다. "내가 자라온 환경을 한번 보라! 운명이 나에게 준 가혹한 카드 패를 보라!" 우리 자신이 아닌 다른 사람, 다른 무엇에 책임이 있는 이상 누가, 무엇이 우리를 그렇게 대했는지는 상관없다. 그리하여 우리는 카드를 나눠주는 딜러가 아니라, 트럼프 테이블에 앉아 카드가 주어지기를 마냥 기다리는 자들이 된다. 하지만 카드는 그냥 오지 않는다. 카드를 테이블에 놓은 이는 우리였으며, 우리는 우리가 그렇게 했다는 것을 고의로 잊었다. 그러므로 성령의 역할은 제정신과 진리의 **생각**이 되어주는 것이며, 우리에게 성령의 관점에서 삶을 바라보고 우리가 스스로에게 이러한 일을 행하고 있음을(T-27.VIII.10) 알아차리는 것이 구원의 비결임을 깨닫게 하는 것이다.

> 용서는 성령의 훌륭한 학습 도구로, 사고의 역전을 가져온다. 하지만 기적수업은 세상을 독자적인 방식으로 정의하듯 용서가 진정 무엇인지도 독자적으로 정의한다.

'용서'는 사고방식의 역전, 또는 실수의 해제를 가리키는 용어이다. 용서는 행함do이 아니라, 해제하는undo 것이며, 누군가를 용서하는 것이 아니라 무엇이 용서를 필요로 하는지에 대해 우리의 마음을 바꾸는 것이다. 즉 우리는 다른 사람을 용서하는 것이 아니라 우리 자신을 용서한다. 예수는 자신의 수업이 용서를 고유의 방식으로 정의하기에 다른 그 어떤 수업과도 다르다는 점을 이와 같이 암시한다. 마찬가지로 수업은 이 세상에 대해서도 수업만의 독특한 방식으로 정의하며, 수업이 설명하는 세상은 세상이 자기 자신이라고 여기는 것과 완전히 다르다. 물질 우주는 말 그대로 죄책감이라는 비실재적 생각의 투사물이며, 수업은 세상을 다른 관점에서 보기 때문에 세상의 해제 과정도 다를 수밖에 없다.

∽ 투사가 지각을 만든다 ∽

5문단

우리가 보는 세상은 우리 자신의 내적 판단 기준, 즉 마음이 사로잡힌 관념과 염원과 감정을 반영할 뿐이다. "투사가 지각을 만든다(교과서, 467쪽)"(T-21.in.1:1).

여기에서 '투사'라는 용어가 처음 등장한다. '네가 보는 세상'이라는 표현은 〈기적수업〉에서 다양한 방식으로 자주 쓰이며, 예수가 그 표현을 쓸 때 이는 에고가 보는 세상만이 아니라 문자 그대로 '우리'가 보는 세상을 의미한다. 예수는 세상은 실재이지만 세상에 대한 에고의 해석은 실재가 아니라고 가르치는 것이 아니다. 어떤 이들은 에고의 해석만이 사실이 아닐 뿐 세상 자체는 실재라고 예수가 가르치기를 바라지만, 사실 수업은 그들의 바람과는 정반대를 말하고 있다. 수업은 지각과 구분, 시작과 마침의 세상 전체가 비실재라고 말한다. 세상은 변화의 장소이고 하나님의 천국은 불변하기에,("**변함없는 처소**" [T-29.V], "**변함없는 실재**" [T-30.VIII]를 참조하라.) 세상은 하나님에게서 온 것일 수 없으며, 하나님에게서 오지 않은 것은 존재하지 않는다.

세상이 표현하는 "내적 판단 기준"은 분리이며, 시공간의 세상은 다만 공간에 해당하는 분리라는 허상적 생각과 과거, 현재, 미래의 직선적인 시간에 해당하는, 마찬가지로 허상인 죄, 죄책감, 두려움의 사고체계가 투사된 것에 지나지 않는다. 우주는 그 광대함에도 불구하고 여전히 자신의 근원인 마음을 떠나지 않은 허상일 뿐이다. 그러므로 세상이 반영하는 주요 염원은 앞에서 언급한 바와 같이 분리를 사실로 만든 다음, 즉 우리의 개인적 정체가 실재임을 의심할 여지없는 사실로 성립시킨 다음 그 책임을 회피하는 것이다.

> 우리는 먼저 내면을 들여다보고, 보고 싶은 세상을 결정한 다음 그 세상을 외부로 투사하고, 그것을 우리가 보는 진리로 삼는다. 우리는 우리가 보고 있는 것이 무엇인지 해석하여 그 세상을 진리가 되게 한다.

예수는 그 과정을 다음과 같이 설명한다. 우리는 먼저 내면을 들여다보고 거기서 죄를 본다. 그런 다음 우리는 투사를 통해 죄에 대한 책임을 회피한다. 이때 먼저 하나님께 투사하고, 그 다음 세상에 투사한다. 우리가 에고와 함께 볼 때는 존재하지 않는 것을 보기에 사실 본다고 말할 수 없지만, 그때 우리는 우리를 파괴시킬 존재인 하나님께 투사된 분리라는 죄를 보게 된다. 그리하여 우리는 그것이 우리 잘못이 아니라며 이렇게 항의한다. "선악과를 하나 다 먹은 것도 아니고 한 입만 먹었을 뿐인데도 하나님은 분통을 터뜨리셨다. 그래서 우리는 세상을 만들어 그 속에 숨는 것 말고는 선택의 여지가 없었다." 죄, 죄책감, 두려움이라는 내면에 있는 분리의 세상이 외부로 투사되어 바깥세상이 되며, 우리는 그 세상을 실재라고 여긴다. 마음 내면의 세상과 바깥세상을 나누기 위해 망각의 장막이 드리워지며, 그리하여 우리는 우리 자신을 물질로 이루어진 우주 안에 거처하는 몸으로 경험한다.

그에 따라 우리는 몸의 눈이 보여주는 것을 해석을 통해 진실로 만듦으로써 실재라고 인정한다. 우리는 적대적이고 위협적이고 냉혹한 세상을 보며, 우리 자신을 연약하고 무력하고 상처받을 수 있는 존재로 본다. 우리는 유아기와 아동기를 거쳐 갈 때 분명 그런 상태였다. 그 시기를 거친 다음 우리는 잔혹하고 남에게 피해를 주는 어른으로 성장해가며, 이러한 태도는 우리가 어렸을 때 어른들이 우리를 잔혹하게 대했고 우리에게 피해를 주었다는 것을 근거로 정당화된다. 그리하여 우리는 적대적이고 위협적이고 우리를 다치게 할 힘을 가진 세상에 홀로 사는 연약하고 무력하고 상처받을 수 있는 몸을 만들었다. 이 모든 것은 우리가 보고 있기 때문에 실재하는 듯 보이며, 우리는 그것이 분리된 상태로 머무르면서 그 책임은 떠맡고 싶지 않은 은밀한 염원을 이루어주기 때문에 그것을 보고 있다. 우리는 결국 우리 마음 위로 드리워진 장막 때문에 이 모든 것을 우리가 만들었음을 잊고 만다.

이렇게나 심각한 정신 이상 상태를 바깥으로 표출하게 된 이유는 에고가 우리에게 들려준 정신 나간 경고 때문이다. 에고는 우리가 마음속을 들여다보면 너무도 극심한 공포에 사로잡힌 나머지 죽는다고 경고한다. 하지만 사실 내면을 들여다보면 우리는 배를 움켜잡고 웃음을 터뜨릴 것이니, 에고는 황당하리만큼 유치하기 때문이다. 우리가 천국을 파괴할 수 있다는 생각은 가느다란 햇살이 자신을 태양이라 단정하고, 거의 보이지도 않는 잔물결이 바다라고 자칭하며 환호하는 것만큼이나 정신 나간 생각이다(T.18.VIII.3:4). 우리가 예수와 함께 마음을 들여다보면 우리는 오직 이 어리석음만을 보게 될 것이다. 그러므로 우리의 분리된 자아들이 끝나는 것을 우리가 원하지 않기 때문에, 우리 에고도 내면 대신 바깥을 보겠다는 결정을 내리며, 우리가 바깥에서 보는 것을 진실이라고 믿는다.

우리는 우리가 보고 있는 것이 무엇인지 해석하여 그 세상을 진리가 되게 한다. 만일 우리가 지각을 이용해서 우리의 실수인 우리의 분노와 공격 충동과 사랑이 결핍된 모든 형태를 정당화한다면, 우리는 악하고 파괴적이며, 원한과 질투와 절망으로 가득 찬 세상을 보게 될 것이다.

보는 것seeing과 지각의 차이점은 무엇인지 이해할 필요가 있다. 예수가 우리가 "악, 파괴, 원한, 질투와 절망의 세상을 보게 될 것"이라고 말할 때 의미하는 바는 우리의 육안이 그러한 세상을 '보게' 된다는 것이 아니라 우리 마음이 그러한 세상을 '생각'하게 된다는 것이다. 이 세상은 정말로 "**악하고 파괴적이며, 원한과 질투와 절망으로 가득 찬**" 세상이다. 예수는 이 세상이 어떤 곳인지를 명확하게 설명하며, 세상에서 사는 사람들에 대해서도 마찬가지이다. "**겁에 질린 사람은 사악해질 수 있다.**"(T-3.I.4:2)라는 예수의 말을 그 한 예로 들 수 있겠다. 이때 예수는 겁에 질린 이들이 선하거나 상냥하거나 사랑스럽다고 말하지 않는다. 지각의 세상에서 사람들이 적의를 품거나 불친절할 수 있음은 분명한 사실이지만, 그렇다고 해서 그 사람들이 악한 자, 영원히 저주받아야 할 자들이 되는 것은 아니고, 그로 인해 그들이 성자단에서 제외되는 것도 아니다. 만일 그랬더라면 우리는 모든 사람들을 성자단에서 제외시키는 것이니, 포악한 행동을 보이는 사람들은 극소수일지 몰라도 포악한 생각을 옹호해 본 적이 없는 자는 한 사람도 없기 때문이며, 우리가 포악한 생각을 하는 이유는 하나님을 우리 자신으로 대체한다는 파괴적인 근본 생각의 본성이 포악함이었기 때문이다. 그러므로 예수는 이 구절에서 '우리'가 실재인 것으로 만든 것, 즉 우리가 에고에게 부여한, 우리 자신과 다른 사람들과 사랑을 지배할 수 있는 힘에 대해 설명하고 있다.

여기에서 요점은 지각적 사실, 즉 꿈속에서의 사실이 그 사실에 대한 우리의 해석과 매우 다르다는 것이다. 교사용 지침서에서 예수는 다음과 같이 설명한다,

그 누구도 사실에 분노할 수 없다는 것을 기억하는 것이 어쩌면 도움이 될 것이다. 부정적인 감정을 일으키는 것은 언제나 해석이다. 그 감정이 사실로 보이는 것에 대한 감정이라도 이는 진실이며, 얼마나 분노했는지와도 무관하다(M-17.4:1-3).

그러므로 우리는 사실에 대한 해석에 분노하는 것이다. 어쩌면 누군가가 나를 총으로 쐈거나 강간했다는 사실일 수도 있고 누군가가 백만 명의 사람들 머리 위로 핵폭탄을 떨어뜨리라는 명령을 내렸다는 사실일 수도 있다. 이것들은 사실이지만, 내가

먼저 일어난 사건과 나 자신을 연관 짓지 않았다면 그 사실들은 나를 분노하게 만들지 않았을 것이다. 이 사람이 나에게, 또는 내가 나 자신과 동일시하는 누군가나 집단에게 이런 짓을 했다는 것이 사실에 대해 우리가 내리는 해석이다. 사실과 해석을 구분하는 것은 필수적이나, 많은 기적수업 학생들이 그 둘을 제대로 구분하지 못하며, 이는 유감스러운 결과를 초래한다. 예를 들어 수업 학생들은 다음과 같이 주장한다. "나는 나의 거룩한 마음을 악으로 오염시킬 끔찍한 사건들을 보고 싶지 않기에 뉴스를 시청하고 싶지 않다." 이 학생들은 자신들이 이미 자기 마음을 오염시켰음을 알아차리지 못한다. 세상에서 일어나는 사건들이 뉴스에 보도되든 보도되지 않든, 그들의 마음이 오염된 것은 그 사건 때문이 아니라 내면에서 죄와 악을 실재인 것으로 만들었기 때문이다.

〈기적수업〉에 실린 그 어떤 내용도 세상에 대한 것이 아니다. 수업은 오직 마음에만 초점을 맞추고, 이 세상을 존재하지 않는 것으로 인식한다. 예수는 이 요점을 다음과 같이 강조한다. "세상은 존재하지 않는다! 이 수업이 가르치려는 핵심 사고는 그것이다"(W-pI.132.6:2-3). 세상은 분리와 죄책에 대한 생각을 품은 마음의 어두운 투사물일 뿐인데, 예수가 존재하지 않는 세상에 대해 거론할 이유가 있겠는가? 예수는 정신이 나가지 않았으며, 따라서 분리의 세상을 우리 마음 안에서 해제시키는 데에만 집중한다.

연습서에는 이와 연관된 다음과 같은 구절이 실려 있다.

세상은 하나님에 대한 공격으로 만든 것이다…세상은 하나님이 들어가실 수 없는 곳이어야 했다(W-pII.3.2:1,4).

이것은 사랑의 생각이라 할 수 없다. 우리가 세상을 만든 이유는 하나님과 하나님의 사랑을 제외시키기 위해서였기 때문에, 세상은 다른 모든 이들을 제외시키기 위해 만든 것이 되며, 이는 우리가 사랑을 공격함으로써 제외시킨 죄에 따른 죄책감에 시달린다는 의미이다. 그렇다면 우리는 왜 공격의 일부 형태만 공격으로 명시하는가? 그럼에도 우리는 항상 그렇게 하고 있다. 우리가 얼마나 많은 것을 제외시키고 있는지 보여주는 연습서 초반부 과제들을 다시 한번 떠올려보라. 모든 이들이 죄책감을 느낀다. 그러지 않았다면 여기에는 아무도 없었을 것이다. 죄 없는 자는 천국에서 도망쳐 나와 천국을 파괴시키려 하지 않는다. 그들은 행복을 누리며 **아버지와 함께 집에 머무른다.**

이를 사실로 간주하면 우리는 우리 모두가 에고의 잔혹하고 사악한 사고체계를 마음에 담은 채 지상을 걷고 있음을 알아차릴 수 있다. 이를 깨닫게 되면 세상은 상당히 지루한 곳이 되니, 모든 것을 같은 것으로 보게 되기 때문이다. 그렇게 되면 여기에 남아있는 흥밋거리란 에고의 사고체계를 표현하는 영리한 방법들과, 그 사고체계를 숨기는 그보다 더 영리한 수단들 뿐이다. 마음이 치유되고 우리가 예수와 함께 거룩한 순간에 머무를 때, 우리는 여전히 다른 이들이 보는 같은 뉴스, 같은 참사의 연속을 관람하지만, 그 무엇도 우리 내면에 있는 평화와 사랑을 흩트려놓지 못한다.

다시 말하지만 위에 나온 설명은 우리의 행동과 무관하다. 물론 우리는 참사를 방지하기 위해 공직의 후보로 출마하거나, 청원서에 서명하거나, 책을 쓰거나, 운동을 일으키는 등 여러 가지 일을 할 수 있으나 그 행동이 우리의 바른 마음 상태에서 오는 것이라면 우리는 분노하거나 평화를 상실하지 않을 것이다. 그러나 우리가 평화를 잃는 바로 그 순간 우리는 제정신이 아니게 되며, 이는 그 시점부터 우리가 믿고 지각하고 말하는 모든 것이 제정신이 아닐 것임을 의미한다. 이것이 분노하거나 판단하는 자의 말에 절대로 기울이지 말아야할 이유이니, 그들의 말은 더 이상 바른 마음 상태에서 오지 않기 때문이다. 분노하는 것이 죄는 아니지만, 분노는 우리의 지각을 왜곡시킨다. 화난 사람들이 일을 더 잘한다는 신화는 어느 정도 사실이다. 에고도 태초에 그런 식으로 일을 해나갔다. 하지만 분노한 자들의 행위에는 전혀 사랑이 실려 있지 않다. 우리는 진정 이것을 원하는가?

우리가 해제하는 것은 우리가 해냈기를 원하는 것이며, 이러한 해제는 성령의 사랑에 뿌리를 둔 기적을 통해서만 일어난다. 분노한 상태에서 바깥의 문제를 지각하는 것은 마음의 변화, 즉 기적이 일어나는 것을 막는다. 바깥의 문제들은 다만 우리 모두가 내면에 담고 있는 문제가 반영된 것일 뿐이며, 내면의 문제란 우리에게 에고와 성령 중 하나를 택하는 선택권이 주어졌을 때 우리가 에고를 선택했다는 것이다. 그것만이 문제이며, "**악하고 파괴적이며, 원한과 질투와 절망으로 가득 찬 세상**"은 결과이다. 세상에 반응함으로써 세상을 실재인 것으로 만든다면, 우리는 에고를 따르겠다는 마음의 결정이 옳았다고 주장하는 것이다. 이는 성령이 허상이 된다는 의미이니, 에고의 사고체계에서는 언제나 '둘 중 하나'만이, '이것 아니면 저것, 즉 둘 중 하나'만이 참이기 때문이다.

이 점을 한 번 더 강조하자면, 우리는 분리된 존재를 유지하겠다는 에고의 은밀한 염원을 성취하려고 노력하면서도 모든 탓을 다른 이들에게 돌리고 있다. 즉 우리는 "우리의 실수들을 정당화시키는 데에 지각을 이용하고 있다." 이는 성령 대신 에고를 선택한 첫 번째 실수를 상기시키며, 그 첫 번째 실수에서

'우리의 분노, 공격 충동, 사랑 결핍' 상태가 왔다. 죄책감을 투사하면 우리는 사방에서 악과 잔혹함과 죄를 보게 된다. 하지만 이러한 것들이 있어야 우리의 공격과 심판이 정당화되기에, 이것들은 우리가 보고 싶어 하는 것이다. 우리 마음이 어느 교사를 선택했는지 아는 방법은 우리가 무엇을 생각하고 느끼는지 관찰해보는 것이다. 무언가에 조금이라도 짜증이 나거나 화가 난다면, 예를 들어 뉴스를 보거나 신문을 읽을 때, 또는 일상생활에서 사람들과 관계할 때 이러한 반응을 보인다면, 그것은 우리가 에고를 선택했음을 보여준다. 누군가를 악한 자, 잔혹한 자로 비난함으로써 그에게 우리 자신과 다른 이들을 지배할 수 있는 힘을 부여한다면, 그것은 우리가 스스로 에고를 선택했음을 보여주는 적신호라고 할 수 있다.

그리하여 우리의 눈은 악과 잔혹함을 보게 되니, 그것이 에고의 세상이기 때문이다. 하지만 우리는 그 세상에게 하나님의 사랑을 빼앗아갈 힘을 주지 않는 법을 배워야한다. 그럼으로써 우리는 마음이 열려 피해자와 가해자, 억압받는 자와 억압하는 자 모두를 포용하게 될 것이니, 우리는 그들 사이에 차이라고 할 만한 것이 없음을 깨닫기 때문이다. 성자단 전체가 제정신이거나, 아니면 전체가 정신 이상이다. 이 점에 있어서는 '이것 아니면 저것, 즉 둘 중 하나'이며, 정도가 없다. 서문이 그 원리에 대한 설명과 함께 시작했음을 기억하라. 제정신과 정신

이상 사이의 중간 상태란 없다. 이것이 마음 훈련 과정에서 무언가를 제외시키지 말라고 지도하는 연습서의 초반부 과제들이 필수적인 이유이다. 형태의 수준에서 모든 사람들을 포함시킬 수는 없지만, 우리 마음은 우리가 선택하기만 한다면 세상 전체를 비난과 판단 없이 포용할 수 있다.

⌘ 용서 ⌘

우리는 이 모든 것을 용서하는 법을 배워야 하는데…

우리는 바깥에서 보는 모든 것, 즉 악, 파괴, 원한, 질투와 절망의 세상을 용서하는 법을 배워야 한다. 예수는 여기서 추상적인 차원의 세상을 가리키는 것이 아니라, 우리가 악하고 파괴적이고 잔혹하다고 판단한, 우리의 질투와 절망의 대상이 된 특정 인물들을 말하고 있다. 이제 우리는 용서한다는 것이 무엇을 의미하는지 배운다.

… 이는 우리가 '선하고' '자비롭기' 때문이 아니라, 우리가 보고 있는 것들이 사실이 아니기 때문이다.

예수는 기도의 노래에서 우리의 마음이 선하고 자비로워서 베푸는 용서를 '파괴를 위한 용서'라고 설명한다(S-2.I,II). 진정한 용서는 "우리가 보고 있는 것들이 사실이 아니라는" 깨달음에서 온다. 1수준인 형이상학적 관점에서 설명하자면, 우리가 보고 있는 것들이 진실이 아닌 이유는 여기에 아무것도 없기 때문이다. 하지만 여기서 예수가 설명하고 있는 내용은 1수준에 해당되지 않는다. 예수는 자신이 분리되었고 자율적인 존재라고 믿는 자아들에게 말하고 있다. 2수준인 이곳에서는 '바깥'의 악이 우리에게 영향을 미치지 않는다는 것이 진실이며, 우리는 여기서 〈기적수업〉의 형이상학적 이론으로부터 그 구체적인 적용으로 넘어간다. 다시 말하지만, 세상 사람들이 잔혹하고 기만적일 수 있다는 것은 지각적 사실이나, 우리는 "이것이 나와 무슨 상관이 있는가?"라고 스스로에게 물어보면서 세상에 반응하기를 그만두어야 한다. 앞에서 언급했던 구절을 다시 한 번 떠올려보라.

> 그들이 증오에 불타고 악하더라도 내버려두라. 그것이 너의 꿈임을 인식하기만 하면 그들은 네게 아무 영향을 줄 수 없다(T-27.VIII.10:6).

우리가 일어나는 사건에 영향을 받는 이유는 그것을 실재로 만든 이는 바로 우리 자신이기 때문이다. 하지만 그 무엇도 우리의 평화를 앗아갈 힘을 가지고 있지 않다는 것은 여전히 진실이다. '그 무엇도 없다'. 실용적인 차원에서, 우리는 우리가 어떤 방식으로 그 힘을 다른 사람들과 다른 사물에 부여하는지 관찰해야 한다. 우리는 그 힘을 눈에 거슬리는 개미 한 마리에게 부여하거나, 다른 국가와 전쟁을 벌이는 나라의 통치자에게 부여할 수도 있으며, 그로 인해 분통을 터뜨린다. 힘을 부여하는 대상은 엄청나게 대단한 것일 수 있고, 매우 사소한 것일 수도 있다. 그것이 우리의 평화를 흐트러뜨린다면, 우리가 우리 자신을 개미, 나라의 통치자, 가족의 일원이나 직장 동료와 분리된 자로 여긴다면, 그 이유는 우리가 먼저 하나님의 사랑으로부터 분리되겠다는 결정을 내린 다음 그 '죄'를 투사하여 다른 사람의 탓으로 돌렸기 때문이다. 지각은 내면의 염원이 외부로 드러난 그림이며(T-24.VII.8:8-10), 우리는 그러한 내면의 염원을 드러나지 않도록 숨겨두었다. 염원은 여전히 마음 안에 남아있으나, 우리가 그것을 숨기고 싶어 했기에 우리는 그것이 마음 안에 있음을 모른다.

우리는 뒤틀린 방어로 세상을 왜곡했기에, 존재하지 않는 것을 본다.

우리는 우리 자신을 하나님의 **사랑**에서 떨어져나간 자들이라고 고소하며, 그러한 분리의 행위를 죄라고 부르고, 형벌을 요구하는 죄책감에 시달린다. 죄의 책임을 투사한 우리는 공격하고, 배신하고 우리를 버릴 태세를 갖춘 세상을 보게 된다. 일단 이 지각을 실재인 것으로 만들면 우리는 결백한 표정을 지어보이니, 무언가를 당한 우리는 우리 자신을 방어해야 하기 때문이다(T-31.V.2-3). 우리가 궁극적으로 방어를 필요로 하는 이유는, 천국이 우리를 파괴할 것이라고 우리가 믿고 있기 때문이다. 그리하여 왜곡된 자아 관념을 보호하기 위해 뒤틀린 방어막이 세워졌다. 즉 "악과 어둠과 죄의 소굴"(W-pI.93.1:1)이 세워졌다. 하지만 그것은 우리의 참 **자아**가 아니니, 비록 에고의 자아 관념에 가려져 있더라도 우리는 빛과 평화와 기쁨의 집이기 때문이다(W-pI.93). 에고의 자아를 보존하기 위해 우리는 다른 이들에게 그 자아를 투사하며, 그런 다음 우리가 겪는 고통을 그들 탓으로 돌린다. 그렇게 되면 앞서 언급한 바와 같이 장막이 드리워지고, 우리는 그것을 행한 자가 '우리 자신'임을 잊는다. 우리는 악과 어둠과 죄를 우리가 내린 결정에서 보지 않고 상대방과 세상에서 본다. 바깥에서 지각되는 대상과 내면에서 실재인 것으로 만든 것이 전혀 무관하다고 봄으로써 우리는 바깥을 향한 우리의 공격을 정당화한다. 예수는 용서하지 않는 생각이 "**지각을 보호한다**."(W-pII.1.2:3)고 설명하며, 우리가 누군가를 용서하지 않는 생각을 품고 있는 이상, 또 수많은 사람들을 끌어들여 그 자가 죄인이라는 데에 동의하게 만듦으로써 그 생각을 정당화하는 이상, 우리는 그것을 투사한 자가 우리 자신임을 기억하지 못한다. 용서하지 않는 생각을 다른 사람에게서 보면 그 생각은 보호된다.

비록 예수는 우리가 "존재하지 않는 것을 본다"고 말하지만, 그는 우리의 몸이나 다른 사람들의 몸이 보고 느끼는 것들을 부인하라고 청하는 것이 아니며, 우리 몸이 필요로 하는 것들에 반응하지 말라는 메시지를 암시하는 것도 아니다. 예수는 다른 사람들이 아무리 잔혹한 행동을 하더라도 그 행동과 우리 마음의 평화 사이에 우리가 만든 연결 고리만 부인할 것을 청한다. 이것은 '투사가 지각을 만든다'는 원리에 내재된 속성 중 하나이다. 예수는 모든 이들을 동일한 자로서 포용하는 우리의 평화와 사랑을 앗아갈 수 있는 힘을 다른 사람의 행동에 부여하지 말라고 가르친다. 우리가 연습서의 지도에 따라 1년을 연습하든 아니면 평생을 연습하든, 수업을 연습한다는 것의 의미는 바로 이것이다.

평화롭지 않거나 성자단과 하나가 되지 않은 느낌이 들 때마다, 우리가 신비에 가까운 상태quasi-mystical state에 있는 대신 우리의 공통된 비참함을 인식할 때마다, 우리는 우리가 에고를 선택했음을 알 수 있다. 수업이 우리에게 세상을 주의 깊게 관찰하라고 청하는 이유는 우리가 느끼는 감정들의 원인을 우리에게 가르치기 위함이며, 이는 하나님의 왕국을 기억할 수 있도록 에고를 경계할 필요가 있다는 점을 강조하는 성령의 세 번째 가르침, "오직 하나님과 그 나라를 지키기 위해 경계하라."(T-6.V-C)의 의미이다. 그러므로 우리는 운전처럼 사소한 일을 할 때나, 혹은 인생을 좌우하는 결정을 내릴 때 우리 자신을 관찰해야 하며, 우리가 직장 생활이나 가족들, 최근 일어나는 사건들에 어떻게 반응하는지 살펴봐야 한다. 이때 우리는 우리 자신의 반응을 판단하거나 평가하지 않으며, 다만 관찰할 뿐이다. 99.9 퍼센트의 경우 우리는 바깥의 무언가에 우리 평화를 깨뜨릴 힘을 부여할 것이며 바로 그 무언가가 우리를 걱정하고 분노하고 우울하고 두렵고 행복하고 황홀감에 빠지게 하고 쾌락과 고통을 느끼게 만드는 것처럼 보일 것이다. 다시 말하지만, 투사하고 있는 우리 자신을 판단하지 않는 것이 필수적이다. 우리가 여기에 있는 유일한 목적은 새로운 교사에게서 이러한 경험들을 다른 관점에서 지각하는 법을 배우는 것이다.

〈기적수업〉의 본질은 우리의 관심을 우리 자신과 다른 사람들의 몸에 집중했던 곳인 세상에서 마음으로 옮기는 법을 배우는 것이다. 이 과정이 처음에는 힘들게 느껴지는데, 왜냐하면 우리는 우리에게 마음이 있다는 것조차 인식하지 못하기 때문이다. 그러므로 우리에게는 같은 메시지를 반복해줄 교사와 수업이 필요하다. 우리는 반복된 학습을 통해 우리가 맺고 있는 관계와 우리가 처한 상황을 다른 관점에서 볼 수 있다는 것을, 그것들을 마음이 내린 결정의 투사물로 볼 수 있다는 것을 이해하게 된다.

우리가 지각상의 오류를 인식하기를 배울 때, 그 오류를 넘겨보는 혹은 '용서하는' 법도 배우게 된다.

이번 구절에는 용서라는 단어에 따옴표가 붙었는데, 여기서 예수는 '용서'를 지각상 범한 오류들을 넘겨보는 것이라고 정의하기 때문이다. 예수는 수업에서 종종 '넘어서'라는 표현을 쓰는데, 그 의미는 우리가 에고를 넘어서, 또는 넘겨 봐야한다는 것이다. 하지만 이는 우리에게 에고가 보이지 않는다는 의미는 아니다. 우리는 오류가 오류임을 깨닫지 못한 상태에서 일단 그것을 보며, 그런 다음 거기에 특별함으로 반응한다. 그러다가 결국 그것이 실수임을 인식하고는, 내면으로 들어가 예수에게 상황을 다른 관점에서 볼 수 있도록 도와달라고 청한다. 이 과정을 통해 우리는 외부에 있는 것들이 아니라 결정을 내리는 마음에 집중하게 된다. 그리하여 우리는 지각상의 오류는 눈이 보고 귀가 듣는 것들이 아니라, 우리가 그 감각기관들에 우리의 평화를 앗아갈 수 있는 힘을 부여한 것임을 이해하게 된다. "나는 오 분 전만 해도 행복한 상태였는데 네가 방으로 들어와서, 네가 나한테 전화를 걸어서, 네가 보낸 편지를 읽어서, 뉴스를 틀어서 기분을 망쳤다." 나는 조금 전까지만 해도 괜찮았지만 갑자기 내가 잘못한 것이 하나도 없는데도 상처 받고, 절망하고, 심지어 누군가를 살해하고 싶은 충동까지 느끼는 상태가 되었다. 하지만 우리는 존재하지 않는 것들을 서로 연관 지었기에 이런 식으로 반응하는 것이다. 여기에 없는 것이 어떻게 우리에게 영향을 미칠 수 있겠는가? 여기에 있는 그 무엇도 우리에게 아무런 영향을 미칠 수 없다. 왜냐하면 그 무엇도 우리의 마음을 건드릴 수 없기 때문이다. 이 점을 깨닫기 위해서는 꾸준히 연습하고 성실하게 훈련에 임해야 하며, 경계 또한 필요하다는 것은 두말할 필요도 없으니, 우리는 그와 정반대로 하기 위해, 즉 우리의 마음 없는 상태를 유지하고, 우리가 겪는 고통을 다른 몸들의 탓으로 돌리기 위해 세상과 몸을 만들었기 때문이다.

고대 중국인들의 지혜를 보여주는 대표적인 고전이라 할 수 있는 〈주역〉에서는 "탓하지 않는다"라는 표현이 자주 나온다. 하지만 여기에 있는 모든 것은 탓이다. 세상에 몸으로 태어났다는 것 자체가 탓이며, 바깥 세상으로부터 안 좋은 영향을 받고나서 그것을 외부의 책임으로 돌리고자 하는 마음의 은밀한 염원의 표현인 갓난아기의 울음소리도 탓이다. 그리하여 외부의 위협을 막기 위해 방어막을 세우는 것이 정당화된다. 하지만 지각은 우리를 속이니, 지각은 우리가 받은 부당한 대우에 대한 정보들을 우리에게 가져오게끔 만들어진 것이기 때문이다. '죄책의 매력'에서 예수는 에고가 "굶주린 두려움의 사냥개"를 훈련시켜 눈에 띄는 모든 죄와 죄책감의 흔적들을 덮치게 하고, 찾은 것들을 주인에게 가져오게 만든다고 설명한다

(T-19.IV.A.12-15). 우리 모두는 사랑한다고 생각하면 잡아먹고 증오한다고 생각하면 죽여 없애기 위해 언제든지 덮칠 태세를 갖추고 있는 굶주린 사냥개라고 할 수 있다. 우리는 에고의 존속을 보장하는 죄를 다른 사람들 안에서 찾아낼 동기를 북돋우기 위해 늘 죄책감으로 굶주린 이 포악한 전령들을 내보내는 무언가가 우리 내면에 있음을 인정해야 한다.

용서란 에고를 넘겨보는 것이라는 주제로 돌아가 보자. 우리는 예수가 여기서 무엇을 가르치고자 하는지를 명백하게 인식해야 한다. 예수는 우리가 우리 자신과 다른 사람들 내면의 에고를 무시하고 넘어가기를 바라는 것이 아니라, 우리가 내면에서 환한 미소를 지을 수 있을 때까지 에고를 진실되게 바라보기를 원한다. 내면의 미소는, 에고를 심각한 것으로 여기고 또 에고가 실제로 존재할 뿐 아니라 우리에게 실제로 영향을 미칠 수 있다고 여겼던 우리의 실수를 부드럽게 교정한다. 미소는 우리의 실수가 어리석었다고 말해주며, 바로 이것이 예수와 함께 본다는 것의 의미이다. 예수는 항상 "미소 짓고" 있으며, 아래 나온 아름다운 구절에서 그 부드러운 웃음을 다음과 같이 설명한다.

성령은 부드럽게 미소 지으며 원인을 지각할 뿐, 결과는 보지 않는다. 원인을 완전히 간과한 너의 오류를 성령이 달리 어떻게 교정할 수 있겠는가? 성령은 참담한 결과들을 그에게 가져와 그것의 어리석은 원인을 같이 보고 성령과 함께 잠시 웃기를 네게 권한다. 너는 결과를 판단하지만, 성령은 그 원인을 판단하였다. 그리고 그의 판단으로 결과는 제거되었다. 어쩌면 너는 눈물을 흘리며 올지도 모른다. 그러나 "형제여, 하나님의 거룩한 아들이여, 이러한 일들이 일어날 수 있는 네 헛된 꿈을 보라."라는 성령의 말을 들으라. 너는 성령과 함께 웃는 형제와 웃으면서 거룩한 순간을 떠날 것이다(T-27.VIII.9).

이것은 명백히 누군가를 조롱하는 웃음이 아니라, 상황이 심각하지 않다고 토닥이는 부드러운 미소다. 꿈속에서는 상황을 심각하게 여길 수 있지만, 꿈 바깥에서는, 즉 치유된 마음 안에서는 세상이 아무런 힘을 발휘하지 못한다. 우리는 이와 같이 예수와 함께 에고가 세운 죄의 단단한 장벽이 녹아내리는 것을 보며, 장벽이 사라진 후에는 빛을 막을 힘이 전혀 없는 얄팍한 장막이 남을 뿐이다(T-18.IX.5; T-22.III.3-5를 참조하라). 그러므로 우리는 에고를 직시함으로써 에고를 "넘겨" 본다. 수업은 에고의 참상을 바라보는 것이 곧 기적이라고 정의한다.

기적은 다만 파괴된 모습을 보고, 마음이 보는 것이 거짓임을 일깨워준다(W-pII.13.1:3).

에고를 직시하지 않는 이상 에고의 거짓됨을 볼 수 없다는 것은 두말할 필요도 없다. 여기서 예수가 세상적인 아름다움이나 사랑을 보라는 것이 아니라 파괴된 참상을 직시하라고 제안하고 있음에 주목하라. 예수는 **속죄**라는 치유의 생각이 우리의 허상들에게 부드러운 미소를 짓는 과정을 통해 우리가 보고 있는 것이 거짓임을 배우기를 바란다.

동시에 우리는 우리 자신을 용서하며…

이것이 〈기적수업〉의 핵심 주제이다. 우리는 상대방을 용서하면서 우리 자신도 용서하니, 하나님의 아들은 하나이기 때문이다. 우리가 다른 사람을 용서할 때 우리는 우리 안에서 용서하지 않고 다른 사람에게 투사한 것을 용서하는 것이다. 우리가 다른 사람에게 은밀히 품고 있는 원망은 우리 자신에게 은밀히 품고 있는 원망이다. 그러므로 우리는 우리가 먼저 죄의 책임을 투사하지 않는 이상 판단하는 생각을 결코 가질 수 없다. 상대방의 죄책을 넘겨봄으로써, 즉 죄책을 보고 그것을 다른 관점에서 보게 해달라고 청함으로써 우리는 우리의 죄책도 똑같이 넘겨보니, 둘 다 같은 죄책이기 때문이다. 우리는 바깥에는 말 그대로 아무도 없다고 주장하는 〈기적수업〉의 형이상학적 이론에 완전히 익숙한 상태일 필요는 없다. 바깥에 아무것도 없다는 인식은 여행이 끝났을 때 얻게 된다. 지금으로서는 다른 사람을 향한 비난이 우리 자신을 향한 비난을 반영하고 있다는 것만 알고 있으면 된다. 우리는 누군가를 분노와 심판을 통해 성자단에서 제외시키는데, 그렇게 하면 우리 자신도 성자단에서 제외시키니, 하나님의 아들은 하나이기 때문이다.

"완벽한 **하나임의 인식**"(T-18.VI.1:5-6)이 수업이 정의하는 천국임을 명심하라. 세상이 꾸는 꿈속에서의 진리는 그 **하나임**을 '반영'하며, **하나임**의 의미는 하나님의 아들이 영적인 차원에서 그리스도로서 하나일 뿐만 아니라, 분열된 마음들로서도 하나라는 것이다. 우리는 모두 천국을 떠나 몸이라는 "썩어가는 감옥"(T-26.I.8:3) 속에서 사는 것이 더 낫다는 정신 나간 믿음을 공유하고 있다. 이것은 분명 정신이상이며, 자신이 몸이라고 생각하는 모든 이들이, 몸이 실재이고 다른 사람의 몸에 무언가를 행하면 자신의 상태가 더 나아지거나 세상이 더 살기 좋은 곳이 된다고 생각하는 사람은 성자이든 죄인이든 상관없이 모두 같은 광기에 빠져있다. 세상이나 몸을 어떻게 더 나은 곳으로 만들 수 있겠는가? 우리가 떠나온 곳이 더 나은 곳이었는데! 우리는 허상을 개선시키려 노력하기보다는 집으로 돌아가야 한다. 허상을 좋게 만들려는 노력은 허상을 실재인 것으로 만들려는 에고의 계략에 보탬이 될 뿐이다.

동시에 우리는 우리 자신도 용서하며, 우리의 왜곡된

자아 개념을 지나 하나님께서 우리 안에 우리로서 창조
하신 자아를 보게 된다.

그 자아는 하나이다. 특정 인종이나 민족처럼 수백만 명의
집단을 용서의 대상에서 제외하는 것은 말할 것도 없지만, 우
리 자신을 학대했든 다른 사람을 학대하여 결코 우리가 용서하
지 않을 한 사람이라도 제외하려 한다면, 우리는 그 원한을 마
치 콜브리지의 시집 "늙은 뱃사람의 노래 The Rime of the
Ancient Mariner"에서 묘사된 걸림돌처럼 끌고 다니게 되며,
그 걸림돌만으로도 분리가 실재라고 주장하는 죄책감의 흔적을
보존하기에는 충분하다. 그래서 예수는 영광에 가득 찬 최후의
비전을 설명하면서 다음과 같은 말을 남겼다.

… 그 누구에게든 그리스도의 얼굴을 가리는 한 점의 어둠
도 남아 있지 않습니다(T-31.VIII.12:5).

한 사람이라도 성자단에서 떼어둔다면, 우리 자신과 예수를
포함한 모든 이들을 성자단에서 떼어둔 것이다. 우리는 아직
우리 자신이 스스로에게 그렇게 했다는 것을 모르며, 그러므로
우리가 맺은 특별한 관계들을 주의 깊게 관찰하는 것으로 수업
을 시작하는 것이 적절하다. 그 누구도 우리를 행복하거나 불
행하게 만들 수 없다는 것을 깨달아 특별한 관계들을 맺어가면

서 쌓은 원망을 내려놓을 때, 우리는 더욱 깊은 평화를 누리게 되며, 그리하여 예수가 수업에서 가르치는 용서가 진실임을 인정할 수 있게 된다.

∽ 특별한 관계 ∽

　이어지는 두 문단은 에고의 사고체계의 핵심이라 할 수 있는 특별한 관계를 다룬다. 일단 우리가 지금까지 거쳐 온 여행길을 한번 되짚어 보자. 우리는 천국의 완벽한 **하나임**에서 시작하여, 분리되는 과정과 지식에 대항하는 지각의 세상을 거쳐 꿈속에 도착했다. 우리는 분리에 빠진 마음의 사고체계에서 나온 투사가 어떤 과정을 통해 지각으로 생성되었는지도 앞에서 다루었으며, 이제 그 사고체계를 더욱 구체적으로 탐구하고 우리의 특별한 관계에서 그 사고체계가 어떻게 모습을 드러내는지 살펴볼 준비가 되었다.

6문단

죄는 '사랑의 결핍'으로 정의된다(교과서 12쪽, T-1. IV.3:1). 오직 사랑만이 존재하므로, 죄란 성령의 눈에는 처벌받아야 할 악이 아니라 교정되어야 할 실수다.

나는 앞에서 〈기적수업〉의 서문이 뒤에 나오게 될 주제들을 소개하는 전주곡이나 오페라의 서곡과도 같다고 말했다. 〈기적수업〉의 핵심 주제 중 하나는 오류와 실수는 교정되고, 죄는 벌을 받는다는 것이다("**죄와 오류**" 와 "**죄의 비실재성**" [T-19. II,III]을 참조하라). 우리가 누군가의 불친절하고 부도덕한 행동을 비난할 때, 우리는 미소 짓지 않는다. 하지만 우리의 에고는 회심의 미소를 짓는데, 왜냐하면 누가 죄인인지 확인되었기 때문이다. 그러므로 우리는 진정으로 부드러운 미소를 지을 수 있도록 도와달라고, 공격의 형태를 심각하게 받아들이지 않도록 도와달라고 청해야 한다. 그리하여 우리는 새로운 교사에게서 사악함이 죄책감과 두려움에 시달리는 사고체계로부터, 우리 자신과 모든 사람들이 가진 사고체계로부터 온다는 것을 배우게 된다. 이 점을 통찰하게 되면 우리는 두려움을 포용하여 두려움에서 오는 고통을 용서의 부드러운 손으로 감싸주는 것, 즉 벌 받아야 할 죄를 지각하는 상태에서 교정되어야 할 실수를 지각하는 상태로 이동하기만을 염원하게 된다. 우리가 내면에 죄를 간직하는 이상, 이러한 이동은 일어날 수 없다.

우리가 지각하는 세상은 우리가 우리 자신을 어떻게 지각하느냐에 따른 결과라는 점을 명심해야한다. 그러므로 우리 자신에 대한 지각을 바꾸지 않으면 세상에 대한 우리의 지각도 바꿀 수 없다. 그렇기 때문에 세상과 세상에 대한 우리의 반응을 주의 깊게 관찰하는 것, 그런 다음 우리의 반응들을 예수에게 가져가 세상은 "**내면 상태가 외부로 드러난 그림**"(T-21.in.1:5)이라는 그의 설명을 듣고 이해하는 것이 필수적이다. 뒤에 가서 예수는 지각을 "**염원이 외부로 드러난 그림이요, 네가 진실이기를 원했던 상像**"(T-24.VII.8:10)이라고 설명한다. 그리하여 우리는 세상이 존재하는 이유는 우리 자신 안에서 투사한 것의 거울이 되고, 그것으로 돌아가게 한다는 바른 마음의 목적을 이루는 수단을 제공하는 것임을 이해하기 시작한다. 목적을 성취하면 우리는 세상을 성령이 보는 관점대로, 즉 사랑을 표현하거나 사랑을 달라고 요청하는 곳으로 보게 된다. 앞에서 말했던 바와 같이 우리가 둘 중 무엇을 보는가는 아무런 차이가 없다. 둘 중 어느 것을 보더라도 우리는 사랑으로 반응할 것이며, 우리의 반응은 다른 사람들의 결정이나 행동과 전혀 무관하다. 그리하여 외부로 돌렸던 행복에 대한 책임을 마음으로 옮기게 되고 이것이 곧 우리 자신과 다른 이들에게 부여했던 죄의 짐을 제거하는 용서의 과정이다.

우리가 우리 자신을 부족하고 약하며 불완전하다고 느끼는 이유는 허상의 세상을 완전히 지배하는 '결핍 원리'에 깊이 빠져들었기 때문이다.

앞의 도입부에서 언급한 바와 같이, 헬렌의 자료에서 '결핍 원리'라는 용어가 쓰이는 곳은 여기뿐이다. 하지만 결핍 개념 자체는 곳곳에 암시되어 있다. 결핍 원리는 우리가 하나님으로부터 분리되었고, 사랑과 진정한 **자아**를 추방시킨 우리 내면에 절대로 메울 수 없는 큰 구멍이 있다고 주장한다. 내가 할 수 있는 것이라곤 결핍된 것을 채우기 위해 바깥에서 훔쳐오는 것이 전부이다. 내게 결핍된 것은 사랑이기에 나는 사랑을 훔쳐 오며, 사람들을 조종하고 유혹하여 나를 사랑하게 만드는 법, 나에게 매력을 느끼고 내가 필요로 하는 것들에 관심을 가지게 만드는 법, 나에게 충성하고 자상하고 세심한 배려를 하게 만드는 법, 언제나 나의 요구에 순응할 준비 상태에 있게 만드는 법을 어렸을 때부터 터득해왔다. 내가 그 사람들이 어떻게 되든 별로 신경 쓰지 않는다는 것은 말할 필요도 없다. 나는 오직 나의 고통을 완화시키는 데에만 관심을 쏟는다.

우리가 결핍된 상태에서 느끼는 고통은 너무도 극심해서 우리는 오로지 결핍을 충족시키는 것에만 몰두하지만, 그것은 사랑이 사라지고 완전히 종적을 감추는 블랙홀이기에 우리의 노력은 모두 헛수고이다. 그러므로 현대 천문학자들이 최근에 발견한 블랙홀에 큰 관심을 가지는 것은 결코 우연이 아니다. 우주의 블랙홀은 우리가 채우고 또 채우지만 결코 충족되지 못하는 에고의 블랙홀을 반영한다. 우리는 꼬리에 꼬리를 물고 특별한 관계들을 맺어가는 과정에 우리 자신을 헌신하며, 그 과정은 아무리 먹고 마시고 숨을 쉬어도 만족할 수 없는 우리의 욕구처럼 끝없이 진행된다. 여기에서는 그 누구도 이 과정을 회피하려고 하지 않으니, 절대로 만족시키지 못하는 것이 세상의 본성이기 때문이다. 우리의 몸 자체가 이러한 결핍을 반영한다. 우리의 몸은 항상 육체적, 정신적인 공허감과 씨름하고 있다. 언제나 자기 자신을 충족시켜야만 하는 몸은 하나의 거대한 블랙홀, 바깥에 있는 것들이 전부 사라져버리는 결과를 초래하더라도 모든 것을 집어삼키려는 입이라 할 수 있다. 충족된 상태는 일시적이기에 우리는 부적절하고 무력하고 불완전한 느낌에 영원히 시달리며, 이것이 우리 몸에 계속해서 더 많이 집어넣는 원동력이 된다. 사실 이것이 모든 형태의 중독의 궁극적인 근원이다. 에고는 당연히 중독된 상태를 좋아하니, 우리가 공허감을 채우는 데에 집착하면 우리 내면에 있는 '전일성'이 가려지기 때문이다. 우리가 우리 자신을 전일성, 그리스도의 전일성과 동일시할 때, 우리는 여기서 그 누구도 우리 자신과 다르거나 분리된 자로 보지 않을 것이다. 물론 우리는 형태로는 다르다. 하지만 내용에서는 모두가 똑같다. 우리 모두가 그리스도의 부분이며, 하나님의 분리된 **아들**의 부분이다.

마지막으로, 예수의 말씀 중 다음 구절을 주목하라. "**결핍 원리에 깊이 빠져들었기에**" 우리 모두는 세상을 지배하는 결핍 상태를 유지하는 데에 투자하고 있으며, 이 세상에 있는 모든 것은 결핍을 채워보려는 시도를 나타낸다. 그렇다면 이것이 우리가 왜 불행하고 괴로워하기로 선택하는지에 대한 질문의 답이 된다. 괴로워하는 것은 바로 '우리'이다. 이 '우리'라는 것 자체가 우리의 투자이다. 우리는 비참한 상태에 빠져있을지는 모르지만 그래도 존재하며, 이상하게도 이 존재성을 증명하기 위해서라면 고통과 괴로움까지도 기꺼이 치를 의사가 있다. 에고가 우리에게 부스러기를 제공해주는 것은 일단 곤경이라도 면해보라는 목적에서이다. 세상은 명백히 끔찍한 곳이지만, 우리의 괴로움은 세상의 그러한 상태가 우리의 잘못이 아님을 보여준다. 이것이 우리가 다른 이들에게 보여주는 십자가형의 그림이다. "네가 나에게 무슨 짓을 했는지 보라. 너는 나를 십자가에 매달았고, 모욕했으며, 배신했다." 물론 사람들은 매우 불쾌한 행동을 보일 수 있다. 하지만 우리는 무의식적인 수준에서 괴로움에 시달리는 매순간을 즐거워하니, 우리의 고통은 다른 사람이 우리의 생명에 대한 대가를 치르게 될 것을 보장하기 때문이다. 그래서 예수는 우리가 "**나를 보라, 형제여, 나는 그대 손에 죽노라.**"(T-27.I.4:6)라고 선언할 수만 있다면 죽음

마저도 전혀 대수롭지 않게 여길 것이라고 설명한다.

그 관점에서 우리는 자신에게 부족하다고 느끼는 것을 다른 사람에게서 찾는다. 우리는 무언가를 얻기 위해 다른 사람을 '사랑'한다.

자신 안에 없다고 느끼는 사랑이 다른 사람 안에 있다는 것이 모든 관계의 주제이며, 그것은 낭만적이거나, 성적이거나, 부모 자식, 혹은 친분, 서로에 대한 존중 등등 여러 가지 형태를 띤다. 우리의 에고가 갈망하는 관심을 얻어낼 수만 있다면 관계의 형태는 상관없다. 나는 네가 나에게 주는 것 때문에 너를 사랑하며, 얻는 것이 있으니 특별한 관계에는 거래가 있게 된다. 내가 얻는 것에 대해 값을 지불해야 하므로 지불해야할 것을 계산해봐야 한다. 의식적으로든 무의식적으로든 사람들은 누구나 첫 만남에서 서로를 평가한다. 내가 어떻게 해야 이 사람이 나를 좋아하고, 나에게 일자리를 내어주고, 나의 논문에 높은 점수를 주고, 나와 결혼할까? 우리는 상대방이 무엇을 필요로 하는지 알아낸 다음 그것을 제공해주며, 상대방도 우리에게 똑같이 해준다. 특별한 관계의 거래는 추하고 기만적이고 고통스럽지만, 계속해서 성공적으로 진행된다. 그러나 그 관계의 진정한 성공은 사랑을 멀리 떼어두는 데에 있으니, 사랑은 필요가 아니라 풍요에 기반을 두고 있기 때문이다. 이 사랑은 적절하고 도움이 될 만한 형태라면 모두 취하며, 자연스럽게 확장되어 모든 이들을 포용한다. 세상에는 여러 가지 형태의 사랑이 있으나, 중요한 것은 오직 그 사랑의 내용이 모든 것을 포용하느냐 하지 않느냐이다.

> 사실 꿈의 세상에서는 그것이 사랑으로 통한다. 그러나 사랑은 아무것도 요구할 수 없기에 이보다 더 큰 잘못 은 없다.

이 구절에는 필요의 개념이 암시되어 있으며, 필요의 개념이 모든 개체를 지배한다. 우리가 궁극적으로 필요로 하는 것은 다른 사람을 탓함으로써 우리의 개별적 자아를 보존하는 것이며, 이 필요가 특별한 관계 속에서 이루어지는 거래의 기반이다. 사실 우리는 우리가 원하는 무언가를 얻기 위해 상대방과 거래하는 것이 아니다. 우리는 상대방이 우리가 원하는 것을 주지 않게끔 상황을 설정하니, 그래야지 상대방을 우리 에고의 은신처 안에 가둬 놓을 수 있기 때문이다. 우리는 상대방의 죄를 모든 이들에게, 심지어 하나님에게까지 보이도록 높이 들어올린다. 그리하여 우리를 저버리는 자들은 다른 사람들이 되며, 이것이 우리가 의심의 여지없이 결백하다는 것을 증명한다. '이것 아니면 저것, 둘 중 하나'의 원리에 따라 다른 사람들은 죄인이 된다. 상대방이 우리를 더욱 세게 짓누르고 더욱 처참하게 파괴할수록, 우리는 점점 더 에고가 주는 아카데미상의 유력한 후보로 등극한다. 우리 모두는 탁월한 연기자들이며, 그 실력은 우리가 괴로워할 때 가장 빛난다. 누군가를 희생시키는 것은 결코 아름다운 광경이 아니지만, 우리가 원하는 것을 얻게 해주며, 우리는 각자의 분리되고 특별한 정체들을 유지하면서도 다른 누군가가 죄의 대가를 치르기를 원한다. 이것이 에고의 능란한 계략이며, 몸의 세상은 그 계략을 실천한 데에 따른 정신 나간 결과이다.

에고는 일단 우리에게 분리는 곧 죄라고 말한다. 우리의 분리된 자아들이 곧 죄라고 말한다. 그런 다음 에고는 자신이 우리를 이런 식으로 구원할 것이라고 말한다. "너는 나의 제단을 숭배하고 나에게 충성을 맹세하기만 하면 된다." 에고는 우리가 훔쳐온 분리 상태를 보존하고, 그 죄를 제거하고자 한다. 그래서 우리는 우리 죄를 투사하는 대상이 될 만한 무한에 가까운 종류의 사물들로 이루어진 다양성의 세상을 만들었고, 그 세상 속에서 분리된 상태지만 죄 없는sinless 자아로, 사실 다른 누군가에게 우리 죄를 덜어냈으니 덜 죄 지은sin-less 자로 살 수 있게 되었다. 이것이 악의에 가득 찬 특별한 관계의 본질이요, 에고가 다른 사람들과 결합할 때 사용하는 부적절한 방법의 본질이다. 그러나 여기서는 이 주제를 잠시 언급할 뿐 구체적으로 파고들지는 않는다. 우리는 우리가 사랑하고 있다고 생각하지만, 사실 예전에 우리가 하나님에게 범했다고 믿는 죄를 그대로 이어 서로에게서 훔치고 서로를 잡아먹고 있다. 이 주제는 다음 문단과 연관이 있으며, 다음 문단은 서로 결합하는 것은 몸이 아니라고 가르친다. 교과서에 기록된 바와 같이, "마음은 서로 결합되어 있지만 몸은 그렇지 않다"(T-18.VI.3:1).

7문단

> 오직 마음만이 진정으로 결합할 수 있으며, 하나님이 결합하신 자들은 사람이 갈라놓을 수 없다(T-17.III.7:3, 교과서 375쪽).

교과서에 실린 이 문장은 가톨릭 교회가 이혼을 죄라고 선언할 때 인용한 바 있는 마태복음의 유명한 구절에서 따온 것이다. 〈기적수업〉에서는 이 문장이 완전히 다른 의미를 가진다. 교회는 이 구절을 통해 형태를 강조하지만, 수업에서 이 구절은 오직 내용과 연관이 있다. 하나님은 우리를 독생자로 결합하셨고 당신 자신과도 하나가 되게 하셨으며, 에고는 하나님의 **뜻**인 것을 분리시킬 수 없다. 망상 속에 빠진 에고는 자신이 그럴 수 있다고 생각하지만, 실제로는 그럴 수 없다.

> 하지만 진정한 합일은 그리스도의 **마음** 수준에서만 가능하며, 사실 결코 상실될 수 없다.

진정으로 하나인 상태는 오직 천국, 영의 수준인 그리스도의 마음에만 존재한다. 다시 말하지만 여기에서는 우리 모두가 공통된 이익과 필요를 가지고 있음을 인식함으로써 그 **하나임**을 반영할 수 있다. 앞에서 토론한 바와 같이, 이것은 우리의 몸을 부인하고 오직 하나로 어우러진 영광스러운 사랑의 매체로서만 살라는 말이 아니다. 그보다는 우리 모두가 증오와 용서로 이루어진 사고체계를 가지고 있음을 배우는 것이 훨씬 더 유익하다.

> '작은 나'는 외부의 인정, 외부의 소유, 외부의 '사랑'을 통해 자신을 높이려고 한다.

〈기적수업〉에서 에고 대신 "작은 나"라는 표현을 쓰는 부문은 사실 이곳뿐이다. "외부"라는 단어가 문장에 세 번씩이나 쓰였기에, 우리는 이 구절의 핵심 주제가 외부임을 알 수 있다. 여기서 외부란 몸과 바깥에 누군가, 즉 우리의 사랑과 증오의 대상이 되는 특별한 사람들이 있다는 지각을 가리킨다. 결핍 원리의 부분으로서 우리는 이미 우리 자신을 아무것도 아닌 존재로 판단하였다. 그런 다음 우리는 다른 사람들에게서 인정받고 사랑받음으로써, 더 크고 더 화려한 사물들을 소유함으로써 초라하고 무능력한 자아를 확장시키려하며, 우리가 그렇게 하는 이유는 내면에서 극심한 공허함에 시달리고 있기 때문이다. 무언가를 소유하는 것 자체는 전혀 문제가 되지 않지만 우리가 소유물을 필요로 하거나, 그것을 얻을 때 기분이 좋아지고 그것을 얻지 못할 때는 실망한다면, 우리는 그것이 에고의 반응임을 알 수 있다. 우리는 왠지 모르게 더 크고 더 나은 직장이나 자가용, 주택이나 가족을 얻게 되면 기분이 지금보다 더 나아질 것이라고 생각한다. '더 크고 더 나은'이 에고가 주최하는 게임의 제목이며, 대상이 무엇이 되든 일단 더 크고 더 낫기만 하면 된다. 우리가 만일 외부에서 무언가를 얻어서 기분이 좋다면, 그것은 다만 나 자신을 작고 연약하고 하찮은 존재로 여기는 '작은 나'를 보충하려는 에고의 계략일 뿐이다. 우리는 외부의 무언가에 우리 자신을 붙여두면 우리 자신을 변화시키지 않으면서 더 큰 '나'가 되는 마술이 일어나기를 바란다. 다른 사람들과의 관계를 통해 성장해가는 것이 우리의 학습 방법이다. 어린아이들이 어떻게 성장하는지 생각해보라. 그러나 성장하기를 멈추고 오직 훔치기만 한다면 우리는 특별함이라는 에고의 함정에 빠진 것이다. 그 함정에 빠지면 우리 자신은 황폐해질 수밖에 없으니, 죄에 대한 우리의 죄책감이 강화되었기 때문이다.

하나님이 창조하신 자아는 아무것도 필요로 하지 않는다. 이 **자아**는 영원히 완전하고, 안전하며, 사랑받고, 사랑한다. 이 **자아**는 얻기보다는 함께 나누려 하며, 투사하기보다는 확장하려 한다. 이 **자아**는 필요한 것이 없고, 서로의 풍요를 자각하는 가운데 다른 이들과 결합하기를 원한다.

다시 말하지만 여기에서 요점은 '필요'이다. 하나님이 창조한 자아가 될 때, 우리는 아무것도 필요로 하지 않는다. 하지만 여기서는 모든 이들이 무언가를 필요로 한다. 그것이 우리가 여기에 온 이유이다. 만일 우리가 숨을 쉬고 음식을 먹는 것에 대해 죄책감을 느끼지 않는다면, 우리는 다른 사람들에게서 무언가를 훔쳐오고 싶어 할 때에도 죄책감을 느끼면 안 된다. 숨 쉬고 먹는 것과, 누군가에게서 훔쳐오고 싶은 충동은 서로 다르지 않다. 물론 이것은 우리가 숨을 쉴 때 죄책감을 느끼라는 말이 아니다. 하지만 만일 우리가 숨을 쉴 때 죄책감을 느끼지 않는다면, 우리는 특별한 자가 되어야 한다는 필요를 충족시키기 위해 다른 사람들을 잡아먹는 것에 대해서도 죄책감을 느끼지 말아야 한다. 에고 자체가 모든 것을 집어삼키려는 큰 입이기에, 에고는 잡아먹기를 멈추지 못한다. 우리는 에고의 그러한 성향을 정당한 것으로 여기지도 말고, 부인하지도 말고, 영성을 부여하려고도 애쓰지 말고, 다만 에고가 그러고 있음을 인식하기만 하면 된다. 예수 곁에 서서 에고를 바라보면 에고의 근원인 정신 이상 상태를 보게 된다. 그때 우리는 가장 먼저 에고의 사고체계가 제대로 작동하지 않는다는 것을 깨닫게 되며, 이러한 인식으로 우리는 마침내 에고의 사고체계를 내려놓게 될 것이다. 우리가 앞에서 관찰한 바와 같이 결핍의 구멍은 절대로 채워지지 않으니, 오직 하나님의 사랑만이 우리를 만족시킬 것이기 때문이다.

8문단

> 세상의 특별한 관계는 파괴적이고, 이기적이며, 어린아이처럼 자기중심적이다.

이 문장은 여기 있는 대부분 사람들에게 해당한다. 우리들 대부분은 "파괴적이고 이기적이며 어린아이처럼 자기중심적이다." 우리는 오직 우리 자신과 우리의 필요를 충족시키는 것에만 관심이 있으며, 다른 이들이 우리의 필요를 충족시켜주는 동안에는 그들을 잘 대해준다. 하지만 다른 이들이 우리의 필요를 더 이상 충족시켜주지 않을 때, 우리는 재고의 여지도 없이 곧바로 그들을 버린다. 즉 우리는 "**또 다른 누군가(형태)를 찾을 수도 있다**"(W-pI.170.8:7)는 생각을 품은 채 "**끝도 없고 보상도 없는 특별한 관계의 사슬**"(T-15.VII.4:6)을 계속해서 이

어간다. 비록 이 관계들에는 증오심이 서려있지만, 수업은 우리에게 관계들을 바꾸거나 단념하라고 청하지 않는다. 다음 구절에서 보게 되겠지만, 수업은 관계들을 판단 없이 바라보라고 청할 뿐이다.

∽ 거룩한 관계 ∽

　이제 예수는 특별한 관계의 반대쌍인 거룩한 관계라는 주제로 넘어가면서 특별한 관계에 따른 고통을 완화시킨다. 특별한 관계가 오직 에고의 사고체계와 관련이 있듯이, 거룩한 관계는 사람들과는 무관하고 오직 성령과 관련되어 있음을 명심하라. 상대를 잡아먹으려는 우리의 시도는 단지 우리의 마음이 에고와 함께 행한 것을 형태로 투사한 것이며, 우리의 용서는 하나임의 상징인 공통된 관심사의 원리를 따르는 성령과 함께하기로 결정했음을 반영하는 것이다. 이 점을 잘못 이해하면 우리는 특별한 형태들로 이루어진 늪에 깊숙이 빠지게 되며, 특별한 형태들을 아름답고 거룩한 것으로 여기게 될 것이다.

　하지만 성령께 주어지면, 특별한 관계는 천국으로 돌아가는 길을 가리키는, 지상에서 가장 거룩한 기적이 될 수 있다.

"이제 그들이 왔으므로"에는 다음과 같은 아름다운 구절이 담겨있다. "**지상에서 가장 거룩한 곳은 태고의 증오가 현재의 사랑으로 바뀐 자리다**"(T-26.IX.6:1). 거룩한 곳은 외부에 있는 어떤 장소가 아니라 집으로 돌아가겠다고 선택한 마음, 에고의 해묵은 증오가 성령의 현존하는 사랑으로 바뀐 마음 안에 있다. 이 사랑도 다른 사람들과 관계를 맺어 자기 자신을 형태로 표현하지만, 그것은 사랑 자체라기보다는 사랑의 확장이기에 허상이다. 수업은 이 교정을 기적이라 일컬으며, 기적이라는 용어가 서문에 등장하는 것은 여기가 처음이다.

그러므로 바뀌는 것은 두 몸 사이의 관계가 아니라 마음과 교사 사이의 관계이며, 마음과 교사의 관계는 우리들의 인간관계에 주어진 새로운 목적을 가진다. 예전에는 살해되어 피범벅이 된 몸들을 에고의 제단 앞에 가져가는 것, 즉 다른 사람을 희생양으로 삼아 그들을 죄인으로 만들고 우리 자신은 결백하게 되는 것이 특별한 관계의 목적이었다. 특별한 관계가 제대로 작동하지 않는다는 것을 깨달으면 관계의 목적은 바뀔 수 있다. 그러면 관계는 더 이상 상대방으로 하여금 우리를 패배시키게 만듦으로써 상대방을 패배시키려는 전쟁터가 아니라, 다른 교사의 지도에 따라 학습할 수 있는 교실이 된다. 그리하여 우리는 세상에서 맺은 특별한 관계들이 우리가 에고와 맺은 특별한 관계의 투사물임을 지각하며, 그 사실을 지각하였기에 관계의 목적을 죄책감에서 성령의 용서로 옮길 수 있다.

세상은 배척하기 위한 최후의 무기이자 분리의 증거로 특별한 관계를 이용한다.

우리는 이 문장을 "세상은 배척하기 위한 최후의 무기이자 분리의 증거요 나의 결백을 입증하는 증거로 특별한 관계를 이용한다."로 이해할 수 있다. 나는 네가 악하기 때문에 너를 제외하며, 내가 받은 상처는 우리가 서로 분리되어 있음을 증명한다. 하지만 내가 상처받은 것은 너의 잘못이다. 왜냐하면 나는 네가 공격하기 전까지는 너에게 매우 친절하고 상냥했으며, 너를 사랑하고 너와 하나인 상태였기 때문이다. 공격의 형태는 무엇이 되어도 상관없다. 그것은 상대방이 쓰레기를 제때 버리지 않은 것일 수도 있고, 선전 포고나 아동 학대처럼 더 심각한 범죄일 수도 있다.

성령은 특별한 관계를 용서와 꿈에서 깨어나는 완벽한 가르침으로 바꾼다.

성령은 우리의 특별한 관계들을 빼앗아가는 것이 아니라, 관계의 목적을 바꿈으로써 관계를 변형시킨다는(T-15.V.5; T-17.IV.2:3; T-18.II.6-7) 교과서에 실린 예수의 설명을 떠올려보라. 이것은 사실 성령이 아무것도 하지 않는다는 의미이니, 목적을 바꾸는 자는 '우리 자신'이기 때문이다. 다시 말하지만 〈기적수업〉은 우리가 이해할 수 있는 이원적인 수준에서 기록된 책이므로, 수업의 언어는 성령을 매우 능동적인 매체로 설명하지만, 실제로는 하나님과 마찬가지로 다만 '존재'할 뿐이다. 성령의 사랑이 등대처럼 빛을 비추며, 우리는 우리의 어두운 허상들을 그 빛에게 가져간다. 죄책감의 고통이 극치에 달했을 때 우리는 마침내 "분명 다른 길이 있을 것이다!"라고 외친다. 그리고 모든 것이 바뀐다.

> 모든 특별한 관계는 지각을 치유하고 잘못을 교정하는 기회이다. 모든 특별한 관계는 상대를 용서함으로써 자신을 용서하는 또 하나의 기회이다. 그리하여 관계는 성령과 하나님에 대한 기억으로 통하는 또 하나의 초대가 된다.

우리가 예수께 의지하면, 그는 우리의 특별한 관계들을 다른 관점에서 볼 수 있도록 도와준다. 예전에는 엄청난 고통의 원인이었던 관계가 이제는 우리의 투사물임을, 내면의 상태가 바깥으로 드러난 그림임을, 즉 분리된 상태로 머무르면서 그 탓을 다른 사람에게로 돌리려는 은밀한 염원의 그림임을 인식한다. 따라서 우리는 이제는 더 이상 그것을 원하지 않는다고 진심으로 말할 수 있다. 그러면 관계는 거룩해지니, 관계의 목적은 우리 자신과 다른 이들을 꿈속에 더욱 깊이 뿌리내리게 만드는 것이 아니라 우리를 꿈에서 깨어나도록 도와주는 것으로 바뀌었기 때문이다. 에고의 꿈은 분리, 죄책감, 비난으로 이루어졌지만, 꿈의 새로운 목적을 받아들인 우리는 다른 이들이 우리의 행복을 빼앗아갈 그 무엇도 행하지 않았음을 인식한다. 다른 이들이 파렴치할 정도로 잔인한 행동을 보였을지 몰라도, 그들의 행동은 우리에게 그 어떤 실질적인 영향을 미치지 못했다. 다른 사람이 그 어떤 말이나 행동을 했더라도 우리가 부르는 사랑의 노래는 음표 하나도 없어지지 않았다(T-26.V.5:4). 그들의 죄로 여겨졌던 것들은 아무런 영향을 미치지 못해 아무런 결과를 낳지 못했으며, 그러므로 우리는 그들의 행동이 낳은 결과라고 믿었던 우리 자신을 용서한다. 따라서 우리는 특별한 누군가를 용서하는 것이 아니다. 우리는 우리 자신을 용서하는 것이다.

헬렌과 빌이 그랬듯이 우리도 "분명 다른 길이 있다"는 것을 인식할 때 성령을 초대한다. 내가 맺은 특별한 관계에 따른 고통은 견딜 수 없을 정도로 심각하며, 이는 에고를 택하겠다는 나의 결정 자체가 매우 고통스럽다는 의미이다. 그러므로 나는 결정권자에게 "제발 다른 선택을 내려달라"고 호소한다. 다른 선택은 성령, 즉 내가 진실로 **누구**인지에 대한 기억이다. 하나님의 아들인 우리는 전체이며 그 전체 속에서 모든 이들이 치유되니, 우리는 하나이기 때문이다. 나의 마음이 치유되면 모든 마음들이 치유된다(W-pI.137). 다른 사람들은 치유를 받아들이지 않기로 선택할 수도 있으나, 우리 마음 안에서는 **속죄**가 완성되었다. 용서하거나 치유해야 할 자는 한 사람도 남아 있지 않으니, 모두가 하나임을 인식하는 것은 분리가 일어나지 않았음을 인식하는 것과 같기 때문이며, 우리는 그 인식을 통해 우리가 하나님을 절대로 떠난 적이 없음을 기억한다.

마음 하나가 치유되면 모든 마음이 치유된다는 바로 이 원리 때문에 우리는 〈기적수업〉이 오직 한 사람, 곧 '너'를 위한 수업이라고 말한다. 수업을 학습하고 실천하는 '너'가 누가 되든 상관없이, 바로 그 사람이 수강생이다. 우리 마음이 치유될 때 우리는 하나님께는 오직 독생자가 있을 뿐임을 알며, 이는 그저 지적인 차원에서만이 아니라 완전하게 안다는 말이다. 장막 반대쪽에서는 이것이 전혀 이치에 맞지 않지만, 분리가 치유되어 마음이 바른 상태로 돌아오면 우리는 학생도 하나요 **교사도** 하나만 있음을 이해한다. 우리에게는 우리가 설득하거나 설교하거나 개종시켜야 할 대상이 없다. 다시 말하지만 이는 몸으로 아무런 행동도 하지 않는다는 것을 의미하는 것은 아니다. 그것은 다만 우리는 우리의 생각과 말과 행동과 몸을 움직이는 원동력이 사랑임을 알고 있다는 것을 의미한다.

앞에서 언급한 주제로 돌아가자면, 〈기적수업〉은 세상을 더 살기 좋은 곳으로 만드는 것에 초점을 맞추지 않는다. 허상을 개선시키는 것이 가능하겠는가? 사실 더 중요한 질문은, 우리에게 허상을 개선시켜야할 이유가 있겠는가라는 것이다. 다른 영성 단체들은 세상을 더 살만한 곳으로 개선하는 것, 즉 허상을 개선하는 것을 목표로 할 수 있지만, 〈기적수업〉은 오직 '마음'의 세상을 더 행복한 곳으로 만드는 데에 중점을 둔다. 우리의 마음에서 죄책감과 판단과 심판이 용서됨에 따라 에고는 점점 더 그 힘을 잃고 결국 사라지며, 에고가 떠나간 자리에는 하나님의 사랑에 대한 기억인 성령이 남는다. 이 상태에 이르게 되면 몸이 말하고 행하는 모든 것이 하나님의 사랑과 공통된 관심사의 원리를 반영한다. 표현의 형태는 그것을 반영하지 않는 것처럼 보일 수 있지만, 사랑의 내용은 변하지 않는다. 용서가 목표로 하는 실재 세상은 지상에 내려온 천국이 아니라, 에고가 없는 마음 상태이다. 그러므로 실재 세상을 보게 된 우리는 구원할 세상이 없음을 깨달으니, 하나님 아들의 마음이 치유되었기 때문이다. 즉, 분리가 해제되었기 때문이다. 예수는 꿈 바깥에 있기에, 우리는 비록 몸이 여기에 머무르는 것처럼 보여도 우리 자신은 여기에 있지 않음을 안다. 그러므로 해야 할 것은 아무것도 없다. 왜냐하면 우리는 우리 자신의 몸이나 다른 이들의 몸이 하는 활동에 전혀 투자하지 않기 때문이다. 이제 우리는 오직 예수의 사랑에 초점을 맞춘다.

우리는 여기서 〈기적수업〉이 일궈낸 공식을 볼 수 있다. 우리는 형제 안에서 그리스도의 얼굴을 보고, 그리하여 하나님을 기억한다. 서문에서 그리스도의 얼굴을 주제로 삼지 않지만 그리스도의 얼굴은 결백의 상징이다. 그것은 육안으로 보는 것이 아니기에, 통상적인 의미의 얼굴이 아니다. 그것은 우리가 곧이어 다룰 주제인 비전을 일컫는 또 다른 용어에 지나지 않는다. 그리스도의 얼굴을 본다는 것은 다른 사람들에게 투사했던 죄를 거두어들여 우리 자신에게로 다시 가져온다는 것이다. 이는 그 사람이 무죄라는 의미이다. 투사의 과정은 상대방이 무죄이고 우리는 죄인이라는 믿음과 함께 시작되었다. 그러한 믿음을 투사한 우리는 이제 우리에게는 죄가 없고 다른 사람에게서 죄를 찾을 수 있다는 마술적인 믿음을 가지게 되었다. 투사한 형상에서 죄를 거두어들일 때 우리는 상대방의 결백이 빛을 발할 수 있게 해준다. 일단 죄의 어둠을 내면의 빛으로 가져가면, 우리는 우리 자신도 결백하다는 것을 인식한다.

그러므로 용서는 우리가 또 하나의 특별한 관계로 인해 고통을 겪을 때 일어난다. 하지만 우리는 이번에는 에고에게 반칙이라며 호루라기를 불면서 더 이상은 안 된다고, 특별함이 제대로 작동하지 않기에 더 이상 특별함에 따른 고통을 인내할 의사가 없다고 말한다. 도움은 우리가 관계를 다른 관점에서 지각하고 관계의 목적을 바꿀 때 찾아온다. 〈기적수업〉은 이러한 바뀜을, 서문에는 이 용어가 등장하지 않지만 '행복한 꿈'이라고 부른다. 행복한 꿈은 외부에 있는 그 무엇과도 무관하다. 행복한 꿈은 우리가 불행의 씨앗을 해제했을 때, 에고가 시달리는 분리의 악몽인 죄, 죄책감, 공격을 해제했을 때 회복되는 바른 마음 상태를 반영한다.

∽ 마음과 몸 ∽

    이 책의 앞부분에서 언급한 바와 같이, 이번에 다룰 주제는 오페라의 간주곡에 해당된다고 할 수 있다. 아래 9문단의 주제는 마음과 몸의 관계를 다루며, 앞에서 언급된 바 있는 비전으로 넘어가기 이전 상태의 지각에 대한 설명과 관련이 있다. ⟨기적수업⟩을 이해하려면 마음과 몸이 서로 어떤 관계에 있는지를 반드시 파악해야 한다. 어떤 의미에서는 이번 주제가 ⟨기적수업⟩의 핵심 초점이라 할 수 있다. 왜냐하면 이를 학습하면 우리는 몸으로 살지 않고 마음으로 사는 경험으로 이동할 수 있기 때문이다. 문제와 답이 함께 있는 곳은 바로 마음이다.

9문단

지각은 육체의 기능이며, 따라서 의식의 한계를 보여준다.

지각에는 복잡한 감각기관들이 관련된다. 외부의 자극에 민감한 기관들이 감지된 자료를 두뇌로 전송하고, 두뇌가 그 자료들을 해석한다. 이는 의식할 수 있는 범위를 크게 제한한 것이니, 교과서에서 설명된 바와 같이 몸 자체가 한계이기 때문이다. **"육체란 사랑에 부여한 한계이다"**(T-18.VIII.1:2). 만일 사랑만이 있고 우리가 그 사랑을 제한하고 있다면, 사실 우리는 사랑을 매장시키고 있다고 표현하는 것이 더 적절한데, 그런 상태에서 우리가 그 무엇을 제대로 의식할 수 있겠는가? 에고의 오만에 사로잡힌 우리는 우리가 모든 것을 정확하게 인식하고 있다고 생각한다. 하지만 우리는 사실 아무것도 아닌 것을 보고 있다. 하지만 그 대상이 실제로 있다고 여긴 우리는 기만적인 감각기관들이 우리에게 가져오는 자료들을 이해하기 위해 이론과 설명들을 지어낸다. 〈기적수업〉 교과서와 연습서와 지침서 곳곳에서 지각의 속임수에 대한 구절들을 찾아볼 수 있다.7) 어떤 구절에는 예수의 온화한 농담도 실려 있다. 예수는 우리가 보지 못하는 눈으로 보고, 듣지 못하는 귀로 듣고

---

7) 예로, T-28.V.4; T-28.VI.1-2; W-pI.92.1-3; M-8.3-4를 보라

있으며, 생각하지 못하는 두뇌로 생각하고 있다고 말한다.

그러므로 수업에 나온 예수의 말씀의 의미는 문자 그대로 표현된 바와 똑같다. 우리는 수업을 학습하면서 그 내용을 이해하고 받아들일 수 있다는 느낌이 들 때도 있지만, 일상생활에서는 우리가 무언가를 생각하고 보고 듣고 있다는 믿음을 여전히 간직한 채 활동한다. 다시 말하지만 우리가 지각하는 정보는 극도로 제한되어 있다. 사실 이 표현도 그것이 얼마나 심하게 제한되어 있는지 묘사하기에는 역부족이다. 하지만 제정신이 아닌 우리는 돌아오는 정보가 우리에게 실재를 보고한다고 생각한다. 예수가 교과서에서 설명한 바와 같이 우리는 이 세상에서 실재가 무엇인지 모르는 유일한 것, 즉 에고와 몸에게 실재가 무엇인지 묻고 있다(T-20.III.7). 우리는 감각기관들이 우리에게 가져오는 자료들을 받은 다음 그것들을 이해하기 위해 물리학에서, 화학, 천문학, 생물학, 심리학, 사회학, 경제학, 신학, 철학 등등에 이르기까지 온갖 이론을 만들어 낸다. 그러나 이러한 모든 "지각적 사실들"은 지어낸 것들이며, 그것이 바로 에고가 목표로 하는 바이다.

> 지각은 몸의 눈과 몸의 귀를 통해 이루어진다. 지각이 몸의 제한된 반응을 불러일으킨다. 몸은 독립되어 있고 <u>스스로</u> 동기를 부여하는 듯이 보이지만, 실제로는 마음

이 의도하는 대로 반응할 뿐이다.

몸은 오직 두 가지 방식으로 마음이 의도하는 바에 반응할 수 있다. 몸은 분리를 영속시키고 분리의 책임을 투사하려는 에고로서 반응하거나, 분리를 꿈꾸는 우리를 깨우고 그 누구에게도 분리의 책임을 돌리지 않는 성령으로서 반응할 수 있다. 몸은 자신을 움직이게 하는 원동력을 스스로에게서 찾게끔 만들어졌다. 몸은 어떤 감정을 느끼고 어떤 행동을 할지 미리 정해주는 유전자를 가지고 있기에 마치 그 원동력이 몸 안에 내재되어 있는 듯 보이기 때문이다. 사실 육체적이고 감정적인 모든 것이 몸을 통해 설명되며, 그래서 우리는 몸이 마음보다 더 중요하다고 착각한다.

마음이 어떤 형태로든 몸을 공격에 이용한다면, 몸은
질병과 노화, 부패의 제물이 되고 만다.

달리 표현하자면, 우리가 병들고, 늙고, 쇠약해지다가 결국 죽음을 맞이하는 이유는 마음이 그것을 염원하기 때문이라는 것이다. 그러므로 몸은 자신의 상태를 지시하지 않으며, 자연스러운 신체 작용이나 성장 법칙 같은 것은 존재하지 않는다. 우리 마음은 우리가 만든 꿈을 꾸고 있기에 이러한 법칙들을 만들어낼 수 있었고, 우리는 마치 그 법칙들이 우리에게서 오지 않았다는 듯이 준수한다. 이것이 "몸은 독립되어 있고 스스로 동기를 부여하는 듯이 보인다."라는 문구의 의미이다. 하지만 몸은 사실 우리가 내리는 결정과 무관하게 독립되어 있지 않다. 마음은 일단 법칙들을 지어낸 후 그것을 적용하기 시작하며, 그런 다음 우리로 하여금 마음 자신을 잊게 만든다. 그리하여 그 법칙들은 마치 독립된 생명력을 가지고 있는 듯이 보이게 되는데, 유전자의 법칙을 그 한 예로 들 수 있다. 다시 말하지만, 문제는 법칙에 있는 것이 아니다. 문제는 법칙을 적용시킨 마음에 있다. 하지만 우리는 언제라도 다시 선택할 수 있다.

여기에 대한 예로 다음과 같은 상황을 한번 떠올려보자. 자동차가 언덕 아래의 둑을 향해 굴러 내려가고 있는데 운전자가 기어를 중립으로 놓은 채 브레이크에서 발을 떼고, 잡고 있던 운전대를 놓았다고 가정해보자. 그런 상태로 계속 방치하면 큰 사고가 날 수밖에 없다. 왜냐하면 차에 타고 있던 운전자가 자동차를 저절로 굴러가게 만든 다음 브레이크와 운전대에서 손발을 뗐기 때문이다. 아무런 조치를 취하지 않으면 자동차는 그러한 상황에서 모든 자동차가 보일 반응과 같은 식으로 반응한다. 자동차의 진로나 속도에 전혀 간섭하지 않으면, 차는 "나는 차를 멈추게 하지 못한다"라고 주장하는 운전자를 태운 채 굴러 내려가 결국 비극적인 최후를 맞이하게 된다. 하지만 사실 운전자인 내가 손발을 내려놓고 그저 방치함으로써 사고가 일어나는 것을 허락한 것이다. 지금 우리는 그와 같은 상황에 처해 있다. 우리의 마음은 에고에 시동을 건 다음 파멸을 향해 돌진하는 세상과 몸을 만들어냈다. 예수는 그런 우리에게 다음과 같이 부드럽게 알려준다. "브레이크에 발을 올리고 운전대를 다시 잡으라. 너에게는 이 모든 것을 중단시킬 수 있는 마음이 있다." 하지만 우리는 바보 시늉을 하면서 이렇게 답한다. "나한테 발이 있다고요? 브레이크는 어디 있나요? 나에게 마음이라는 것이 있다고요?"

그러므로 이것이 기적수업이 우리에게 전하는 메시지이며, 우리 내면에 "파괴도구"(T-20.VIII.4:8)를 멈추게 할 수단이 있다고 일깨워준다. 예수는 몸이라는 자동차가 어떤 이유로 어떤 과정을 통해 만들어졌으며, 우리가 속수무책인 상태로 운전석에 앉아 우리의 처절한 운명을 불평하고 있음을 설명해주기 위해 우리에게 자신의 수업을 제공했다. 죽음의 절벽으로 향하는 언덕길을 내려가는 자동차는 점점 더 가속도가 붙지만, 우리는 여전히 거기에 대해 우리가 아무것도 할 수 없다고 고집한다. 하지만 예수는 계속해서 우리가 무언가를 할 수 있다고 말해준다. 우리에게는 마음이 지시하기만 하면 차를 멈출 수 있는 손과 발이 있다. 예수는 우리가 영화 〈사랑의 블랙홀 Groundhog Day〉을 재연하여 똑같은 하루를 계속 반복해서 지낼 이유가 없다고 설명해준다. 우리는 이러한 순환을 우리가 중단시킬 수 없다고 고집하지만, 우리와 다른 생각을 가진(T-23.I.2:7) 예수는 우리에게 고통과 파멸을 방지할 수 있도록 자신이 제공하는 도움에 의지하라고 청한다. 그러나 우리는 예수의 청에 귀 기울이지 않기로 선택한다. 우리는 자동차가 절벽 아래로 떨어져, 우리가 대면하게 될 비극이 우리 잘못이 아니라고, 누군가가 우리 앞에 절벽을 깎아두고 우리를 운전석에 앉히고는 차를 뒤에서 밀쳤기 때문이라고 주장할 수 있기를 원하기 때문이다.

예수는 계속해서 몸에 대한 설명을 이어간다.

> 마음이 몸에 대한 성령의 목적을 받아들인다면, 몸은 다른 사람과 소통하는 유용한 수단이 되고, 몸을 필요로 하는 한 결코 손상되지 않으며, 그 용도가 다했을 때 조용히 눕혀진다.

여기서 예수는 몸 안에서 영원히 살게 된다는 말을 하는 것이 아님을 주목하라. 그는 질병, 탄생, 건강한 상태, 노화 과정과 마찬가지로, 사실 육체로서의 삶에 수반하는 모든 것과 마찬가지로, 죽음도 하나의 결정이라고 가르친다. 몸은 오직 마음이 의도하는 바에 반응하며, 우리는 마음이 무엇이고 어디에 있는지 모르기에 예수의 가르침을 이해하기 어려워한다. 그래서 예수는 마음이 초래한 결과들을 먼저 우리에게 보여준다. 진실을 직접 알려주는 것은 여전히 위협적일 수 있기에, 간접적인 교육이 필요하다(T-14.I.2,5).

이 수업을 〈기적수업〉 대신 지각하는 법을 재교육하는 수업이라고도 부를 수 있으니, 기적이란 지각의 변화이기 때문이다. 우리는 바깥을 바라보는 대신 육안이 본 것을 마음에게로 가져와, 앞에서 설명한 바와 같이 이 세상은 "**내면의 상태가 바깥으로 드러난 그림**"(T-21.in.1:5)임을 배운다. 하지만 우리는 이렇게 외친다. "내면의 상태라고?" 우리는 마음이 무엇인지 전혀 모르고 오직 몸으로 이루어진 바깥세상만 알기에, 예수가 하는 말씀을 제대로 이해하지 못한다. 아니, 사실 우리는 그것을 제대로 이해하고 싶어 하지 않는다. 그러므로 예수는 모든 교사들이 해야 하는 것과 마찬가지로 우리에게 동기를 불어넣어야 한다. 그러지 않으면 학생들은 배우지 않을 것이다. 우리는 예수가 우리에게 보여주는 고통과 좌절과 절망으로 가득 찬 우리의 삶을 보면서 마침내 변화를 일으켜야 한다는 동기를 얻는다. 하지만 두려움으로 인해 우리는 우리가 지금 처한 상황에 대한 간단한 진실을 계속해서 부인한다. 우리는 세상에 있는 모든 것이 아름답다고 주장한다. 우리는 이 아름다운 수업을 발견했으니 우리의 주장이 더욱 타당하고 여기며, 그래서 다음과 같이 감사를 표한다. "고맙습니다, 예수님. 하지만 당신이 가르치는 것을 우리가 이해하게 만들지는 말아주십시오."

우리 모두는 어떤 형태로든 마술을 원하기에, 여기에 있는 그 무엇도 제대로 작동하지 않음을 이해해야한다. 우리는 세상이나 우리의 몸, 상대방의 몸에 책임을 떠넘길 수 없다. 우리는 우리가 자동차의 운전석에 앉아있고, 차가 절벽 아래로 떨어지는 것을 방지할 능력이 충분히 있음을 깨달아야 한다. 하지만 에고는 우리로 하여금 몸을 상처받을 수 있는 것으로, 괴로운 삶을 살다가 결국 죽음을 맞이하는 암울한 운명에 처한 것으로 보게 만들며, 그 와중에도 우리는 책임을 다른 사람들과 다른 것들에게 덮어씌운다. 반면 성령은 몸을 우리에게 마음에 대한 가르침을 전할 수 있는 소통 도구로 지각한다. 다르게 말하자면 성령은 이 세상과 몸을 교실로 본다. 그러나 세상과 몸이 우리에게 무엇을 가르쳐줄지는 여전히 우리가 선택한다. 다음 구절은 바로 그것을 우리에게 말해주고 있다.

> 몸 자체는 지각 세상의 다른 것들처럼 중립이다. 몸을 에고와 성령 중 누구의 목적에 이용하는가는 전적으로 마음이 무엇을 원하느냐에 달려 있다.

연습서의 가르침 중에는 이런 제목을 가진 과제가 있다. "나의 몸은 완전하게 중립이다"(W-pII.294). 일단 몸을 중립적이지 않은 목적, 즉 사랑을 제한하고 하나님을 공격하는 목적을 위해 만든 이상, 몸은 우리가 결코 탈출할 수 없는 감옥이 될 수 있다. 그러나 몸은 우리를 자유롭게 해방시키는 교실이 될 수도 있다. 선택은 우리에게 달려있다. 그러므로 예수가 '마음'을 가리킬 때, 그는 결정권자에 대해서 말하고 있는 것이다. 사실 예수는 〈기적수업〉에서 오직 마음에 대해서만 설명해왔다. 왜냐하면 꿈속에는 마음만 있을 뿐 다른 그 무엇도 없기 때문이다. 결정권자인 마음은 두 가지 사고 중 하나를 선택한다는 것을 기억하라. 마음은 에고의 분리와 죄책과 증오를 선택하거나 성령의 **속죄**와 용서와 사랑을 선택하며, 이 두 가지 사고방식 자체는 아무것도 행하지 않는다. 변화를 일으키는 임무는 결정권자가 맡으며, 두 가지 사고방식은 다만 사고로서 남아있을 뿐이다. 그러므로 마음이 내릴 선택은 우리가 원하는 목적이 무엇인지에 의해, 즉 우리가 계속 잠들어 있기를 원하는지 아니면 깨어나기를 원하는지에 의해 좌우된다. 우리의 열망이 우리가 따를 교사를 정하며, 그 교사는 우리가 세상을 어떤 관점에서 지각할지를 정한다.

이리하여 우리는 마침내 서문의 마지막 부분에 도달하였다. 다음 주제는 용서의 비전에 초점을 맞춘다.

∞ 참된 비전 ∞

10문단

육안을 통해 보는 것의 반대는 그리스도의 비전이다. 그리스도의 비전은 약함이 아닌 강함을, 분리가 아닌 합일을, 두려움이 아닌 사랑을 반영한다.

에고는 우리가 분리된 몸들을 보기를 원한다. 그 이유 때문에 우리의 감각들이 만들어진 것이다. 나는 앞에서 분리, 차이, 판단, 공격이 사실 모두 같은 것이라고 설명한 바 있다. 우리는 분리된 몸들을 보고, 공격할 목적으로 서로의 차이를 판단한다. 그리하여 어떤 몸은 자상하고 어떤 몸은 자상하지 않은 것이 되며, 어떤 몸은 거룩하고 또 어떤 몸은 거룩하지 않은 것이 된다. 우리는 사람들을 특별한 사랑의 대상, 특별한 증오의 대상으로 나눈다. 육안이 보는 것은 이것뿐이다. 에고가 육안을 파견한 목적은 그러한 것들을 보라는 것이었다. 에고는

"굶주린 두려움의 사냥개들"을 풀어 분리를 지각하게 하고, 판단의 식량인 차이점을 공격하게 만든다. 이러한 관점에서 지각하는 것이 너무 고통스럽게 느껴질 때 우리는 이렇게 외친다. "제발 그만! 다른 길, 다른 교사, 다른 관점이 분명 있을 것이다." 이것이 판단 또는 심판하는 에고의 관점에서 그리스도의 비전이 보는 용서로의 전환이다.

비전을 통해 볼 때도 육안은 예전과 같은 방식으로 바라본다. 왜냐하면 외부 수준에서 변화되는 것은 없기 때문이다. 변화는 마음이 내리는 해석에서 일어난다. 그러므로 우리의 눈은 계속해서 분리와 차이, 신체 증상과 공격을 보지만, 그러한 차이들이 표면적일 뿐임을 깨달은 우리는 그것들을 더 이상 판단하지 않는다. 그러한 차이들은 아무런 의미가 없으니, 모든 이들의 마음은 같기 때문이다. 마음은 100% 죄책감과 증오심과 괴로움과 죽음에 빠진 에고와, 100% 용서와 치유와 평화와 사랑을 제공하는 성령, 그리고 그 둘 중 하나를 선택하는 결정권자로 이루어져 있다. 에고와 성령의 사고체계는 절대로 변하지 않는다. 오직 결정권자가 결정을 바꿀 뿐이다. 어떤 이들은 마음의 한 쪽 부분보다 다른 부분에서 더 많은 시간을 보내기로 선택하나, 우리 모두가 같은 마음을 공유한다. 이것이 교과서에 실린 새해 기도문의 의미이다. "**올해를 모두 똑같게 만들어서 다른 한 해가 되게 하라.**"(T-15.XI.10:11)는 그리스도의 강함과 천국의 합일과 하나님의 사랑을 표현하는 그리스도의 비전을 반영한다. 비전이 **하나임**이나 사랑 자체인 것은 아니다. 하지만 비전은 판단을 지각하지 않기에, 물리적 차이점을 해석하여 차이를 실재인 것으로 만들지 않기에, 비전이 모든 이들 안에 내재되어 있다고 지각하는 공통점은 천국의 합일을 반영한다. 죄, 죄책감, 두려움이 사라진 치유된 마음에는 오직 하나님의 사랑에 대한 기억만이 남는다.

다음의 구절들을 읽을 때 우리가 어떤 반응을 보이는지 관찰해보는 것이 학습에 도움이 된다. 우리 각자 내면에는 다음과 같이 주장하는 부분이 남아있을 것이다. "나는 원망을 놓아주고 싶지 않다. 나는 행복을 희생시키는 대가를 치르더라도 나의 의견이 옳다는 것을 단념하고 싶지 않다." 이와 같이 우리의 현재 상태를 정직하게 평가하면, 우리는 이러한 감정들을 저지하기 위해 방어막을 세우려고 하지 않을 것이다. 그리하여 닫혀있던 마음의 문이 열리고, 우리는 예수와 함께 내면을 바라보면서 마침내 예수의 사랑에 가득 찬 강함을 선택할 수 있게 된다.

몸의 귀로 듣는 것의 반대는 각 사람 안에 머무시는 하나님을 대변하는 음성인 성령을 통해 소통하는 것이다.

참된 비전 149

우리 각자의 내면에는 죄, 죄책감, 두려움만 있는 것이 아니라 성령도 있다. 그러므로 몸의 귀가 듣는 것은 바른 마음 상태를 통해 "들려오는" 것으로 변형된다.

성령의 **음성**을 멀리서 들려오는, 알아듣기 힘든 소리처럼 느끼는 이유는 분리된 작은 자아를 대변하는 에고의 음성이 더 큰 소리처럼 보이기 때문이다.

에고의 요란한 비명이 성령의 작고 고요한 음성을 묻어버린다는 것은 〈기적수업〉에 자주 등장하는 주제이다. 교과서에는 다음과 같은 구절이 있는데, 분리, 차이, 판단, 공격에 대해 말하는 특별함의 음성에만 귀 기울이고 있는 우리가 어떻게 성령의 음성을 들을 수 있겠느냐고 항변하는 매우 눈에 띄는 구절이다.

너의 특별함이 묻고 답하며, 네가 너의 특별함에 귀를 기울인다면 성령이 주는 그 어떤 답이 네게 도달할 수 있겠는가? 너의 정체를 찬양하며 하나님에게서 네게로 영원히 흐르는 사랑스러운 선율 속에서는 소리가 없는 특별함의 작은 답에 너는 온통 귀를 기울인다. 그리하여 진정한 너인 것에게 보내는 존경과 사랑의 웅장한 노래는 특별함의 '위대함' 앞에서 조용하고 들리지 않는 듯하다. 너는 특별함의 소리 없는 음성에는 귀를 기울이려 애쓰지만 하나님의 부르심은 너에게 소리가 없다(T-24.II.4:3-6).

우리가 다른 이들을 판단하고 심판하고 있다면, 우리의 내면에서 말하고 있는 자가 성령일 리 있겠는가? 우리에게 들려오는 것은 분명 에고가 보는 '성령'의 음성이지만, 우리가 귀를 기울이는 것은 '성스러운' 판단을 내리는 에고의 정신이다. 하나님의 성령은 절대로 판단하지 않으며, 만일 우리가 하나님 아들의 본성이 동일함을 보지 않고 우리 사이의 차이를 강조한다면, 우리는 천국의 음성에 주목하고 있는 것이 아니다. 우리가 서로에게서 아무리 엄청난 차이를 경험한다 하더라도, 서로 다르다는 것은 여전히 천국의 **음성**이 주는 메시지가 아니다. 에고도 상당히 잔잔한 목소리를 가지고 있어서, 마치 성령이 말하는 것처럼 들릴 수도 있다. 하지만 우리 자신에게 단 한 사람이라도 다가오지 못하게 막는 음성이라면, 그것은 그 누구도 제외시키지 않는 **사랑**의 **음성**일 리가 없다. 그러므로 하나님의 **음성**이 멀리 떨어져 있는 듯 느껴지는 유일한 이유는 우리가 그 대신 특별함의 노래를 감상하고 싶어 하기 때문이다.

앞에서 언급했던 자동차의 상황을 다시 떠올려보자. 자동차가 자신의 최후를 향해 돌진하고 있다. 그런데 예수는 여전히 우리 옆에 앉아, 우리에게 꿈에서 깨어나라고 격려해주고 있다. 예수는 "가만히 있어 조용히 아무것도 하지 않는다...그저 바라

보고, 기다리며, 판단하지 않는다"(W-pII.1.4:1,3). 우리가 귀 기울이지 않기로 선택할 때에도 예수는 우리에게 위로와 지혜의 말을 전한다. 이것이 비유적인 표현이라는 것을 이제는 따로 설명할 필요가 없을 것 같다. 예수는 실제로 무언가를 말하지 않기 때문이다. 실재 세상에는 언어가 없기에 모든 것에 적용되는 예수의 사랑은 언어를 사용하지 않지만, 우리의 마음과 두뇌가 사랑의 언어를 우리가 받아들이고 이해할 수 있는 형태로 변형시킨다. 그리하여 그것은 분리된 이익, 분리된 관심사 대신 공통된 이익, 공통된 관심사를 보라는 메시지가 된다.

> 사실은 그 반대다. 성령의 말은 혼동할 우려 없이 명료하고, 저항할 수 없는 호소력을 지녔다. 몸과 자신을 동일시하지 않는 자라면 성령이 전하는 해방과 희망의 메시지를 듣지 않을 수 없고, 자신의 초라한 자화상을 버리고 그리스도의 비전으로 즐거이 교환하는 데 실패할 리가 없다.

문제는 우리가 우리 자신을 몸과 동일시한다는 것이다. 에고가 만든 감옥과 우리 자신을 동일시하지 않으면 우리는 오직 성령의 음성만 듣게 된다. 왜냐하면 그 음성은 우리 마음 안에 영원히 현존하기 때문이다. 하지만 우리가 몸에게 말하는 음성에 귀 기울이기로 계속 선택한다면, 우리는 성령의 음성을 결코 듣지 못할 것이다. 다시 말하지만 성령의 **음성**이 실제로 무언가를 말하는 것은 아니다. 성령은 몸을 모르며, 몸은 존재하지 않는다. 따라서 성령은 겉모습과 실재의 차이, 꿈과 진실의 차이가 무엇인지 알고 있다. 성령은 오해의 여지가 없이 명확하고, 거부할 수 없을 정도로 강렬한 매력을 가지고 있으니, 그의 **부름**은 곧 **사랑**을 위한 **부름**이기 때문이다. 교과서에서는 이를 "**사랑**을 끌어당기는 **사랑**"(T-12.VIII)이라고 일컫는다. 그것은 곧 사랑이 자기 자신을 사랑하는 것이다. 왜냐하면 사랑은 우리가 둘이라고 생각할 뿐 사실 하나이기 때문이다. 천국의 **음성**이 우리에게 항상 "말하고" 있지만(W-pI.49) 우리가 의도적으로 그 음성에 귀 기울이지 않기로 선택하고 있음을 이해하는 것이 중요하다. 하나의 **아들**로서 우리는 분리가 결코 일어나지 않았다고 말하는 성령의 **속죄**에서 멀어지겠다는 의도적인 선택을 태초에 내렸었다. 우리가 만일 하나님으로부터 결코 분리되지 않았다면, '우리 자체'가 결코 생겨나지 않았던 것이 된다. 그래서 우리는 그 대신 다음과 같이 말하는 에고에게 귀를 기울였다. "위대한 일이 일어났으며, 그 위대한 것이란 바로 너다. 분리는 실재이며, 너도 그렇다."

그 존재론적인 순간에 우리는 선택을 내려야하는 상황을 대면하였고, 하나의 **아들**로서 선택을 내렸다. 우리에게 그것은 두 번 생각해볼 필요도 없는 쉬운 선택이었다. 우리는 서로 분리되고 다른 점이 있는 상태, 독립되고 특별한 상태를 좋아했기에 에고를 선택했으며, 따라서 성령에게 귀 기울이지 않기로 선택했다. 그 시점에서부터 성령의 **음성**은 우리 마음속에 묻혀버렸고, 그 위로 죄책감을 기반으로 하는 에고의 사고체계가 덮어 씌워졌으며, 죄책감의 세상이 그 위로 또 다시 씌워졌다. 망각함으로써 이중으로 은폐한 결정(W-pI.136.5:2), 즉 사랑을 어둠 속에 묻어두는 죄책감이라는 방패막과, 또 이 죄책감을 어둠 속에 묻어두는 세상이라는 방패막이 이중으로 세워진 것이다. 하지만 사랑은 사실 어둠 속에 있지 않다. 사랑 위에 장막이 드리워졌을 뿐, 우리는 언제라도 그 장막을 걷어 올릴 수 있다. 하지만 우리는 그러지 않겠다고 거절한다. 왜냐하면 에고의 음성은 장막을 걷어 올리면 우리가 하나님의 **마음** 안으로 사라져버릴 것이라고 경고하기 때문이다. 하나님의 **마음** 안으로 사라지는 것은 에고에게 있어 자신이 파멸되고 자아를 망각하게 된다는 것을 의미한다. 그래서 우리는 성령의 **음성**에 귀 기울이지 않겠다는 선택을 내리지만, 예수가 제공한 〈기적수업〉의 핵심 메시지는 우리가 성령을 반대하기로 선택할 수 있다면 그만큼 쉽게 성령과 함께하기로 선택할 수도 있다는 것이다. 선택은 우리에게 달려있다. 하지만 우리는 우리에게 선택을 내릴 힘을 가진 마음이 있다는 것부터 배워야 한다.

우리의 죽음을 향해 돌진하는 에고의 자동차에 올라탄 우리는 그 상황에 대해 우리가 무언가 할 수 있음을 배웠다. 그러나 우리는 진실에 저항하는데, 왜냐하면 우리 각자의 어느 일부는 우리 의견이 옳기를, 즉 우리가 죽고 그 탓을 다른 이들에게 돌리기를 바라기 때문이다. 우리 모두는 우리가 몸이라고 불리는, 자살 충동에 빠진 자동차 안으로 태어나며, 자동차가 결국 절벽 아래로 떨어진다는 것을 삶의 어느 시점에서 알아차린다. 우리가 집착하는, 상당히 정신 나간 사고체계를 우리는 괜찮다고 여긴다. 왜냐하면 그 사고체계에 대한 책임이 우리에게 돌아오지 않을 것이기 때문이다. 예수는 그 와중에도 항상 우리 곁에 머무르면서, 우리가 언제라도 선택하기만 하면 이 정신 나간 상황을 중단시킬 수 있다고 부드럽게 일깨워준다. 하지만 우리는 에고가 중계하는 라디오 방송 볼륨을 너무 크게 틀어놓았기에 예수의 말을 듣지 못한다. 우리는 심란하고 분노하는 상태가 되기 위하여 에고의 요란한 소리, 서로 조화를 이루지 못하는 음표들로 이루어진 에고의 비명에 귀 기울이기를 좋아한다. 우리는 "나의 형제여, 다시 선택하라"고 부드럽게 말하는 작고 고요한 음성에 귀 기울이기를 피할 수만 있다면 무슨 일이라도 한다. 우리는 마치 전염병을 피하듯 이 메시지를 피해 달아나 특별함이라는 에고의 헛된 순환, 즉 탄생하고 고통 받다가 죽고 또 다시 태어나 고통 받고 죽기를 계속해서 반복한다.

우리는 각양각색의 자동차를 타고 있지만, 우리가 탄 자동차는 모두 같은 최후, 즉 몸은 죽고 다른 사람들을 고소함으로써 최대한 많은 사람을 우리와 함께 죽게 만드는 결말밖에 없다. 하지만 예수는 기다리고 있다. 예수는 시간 안에 머무르지 않기에, 그의 인내심은 무한하다(T-5.Ⅵ.11:6). 우리는 더 이상 고통을 견딜 수 없을 때 비로소 도움을 청하며, 예수는 그런 우리에게 자동차 브레이크에 발만 얹으면 에고가 멈춘다고 설명해준다. 그러므로 어떤 면에서는 우리의 고통도 중요하다. 고통은 변화를 일으키고 우리 마음의 고통을 완화시키게 부추기는, 우리에게 필요했던 자극이 되어주기 때문이다. 바로 그 이유 때문에 교과서에, 성령은 우리가 우리의 괴로움을 의식하기를 바라니, 그것에 대한 인식 없이는 가르침을 전할 수 없기 때문이라고(T-14.Ⅱ.1) 나와 있는 것이다. 성령은 고통에 따른 비참한 상태와 기쁨의 상태를 대조하는데, 왜냐하면 우리는 그 둘을 혼동하기 때문이다. 에고가 기쁨이라고 여기는 것은 사실 고통이다. 그러므로 예수는 우리가 의미 있는 선택을 내릴 수 있도록, 우리에게 에고의 정신 나간 상태와 예수의 제정신 상태가 어떻게 다른지 그 차이를 보라고 청한다.

11문단

성령의 선물인 그리스도의 비전은 분리의 허상과 죄와

죄책, 그리고 죽음이 실재한다는 믿음에 대한 하나님의 대안이다.

우리는 일단 에고를 선택하고 우리가 그런 선택을 내렸음을 잊었기에 에고 아닌 다른 대안은 없는 것처럼 보이는데 왜냐하면 우리는 성령의 **음성**을 음소거로 해놓았기 때문이다. 성령의 **음성**이 사라진 것은 아니지만, 우리가 분리된 자아들을 간직하고 거기에 대한 책임을 다른 이들에게 돌리겠다는 결정을 유지하는 한, 그것은 접근할 수 없는 것이 되었다. 우리는 그리스도 대신 죄, 죄책감, 두려움의 집이자 하나님이 자신과 하나인 존재로 창조하신 영광스러운 **자아**의 초라한 모조품일 뿐인 (T-24.VII.1:11; 10.9) 개인적 자아를 선택하였다. 이 기이한 자아인 에고는 자신을 확실한 죽음의 거처인 몸으로 가장한다. 우리는 우리가 그러한 선택을 내렸고, 지금도 내리고 있음을 인식해야 한다. 여기서 우리는 〈기적수업〉이 집으로 돌아가는 우리에게 엄청난 도움이 된다는 것을 볼 수 있는데, 왜냐하면 예수는 수준 높은 영적인 차원에서 가르침을 전하는 동시에 우리가 일상생활에서 그 가르침들을 어떻게 실천할 수 있는지도 명백하게 지도하기 때문이다.

그리스도의 비전은 지각상의 모든 오류에 대한 유일한 교정이며, 이 세상이 딛고 있는 반대쌍처럼 보이는 모든 것의 융화다.

우리의 지각은 분리, 차이, 판단, 공격을 반영하기에, 우리는 우리가 보고 있는 모든 것들을 잘못 해석했음을 겸손하게 인정해야 한다. 사실 오직 하나의 오류와 하나의 해결책이 있을 뿐이다. 분리라는 오류와 기적이라는 해결책. 여기에서 분리라는 오류는 분리된 관심사, 분리된 이익이라는 형태로 드러나며, 해결책은 공통된 관심사, 공통된 이익이라는 형태로 드러난다.

앞의 문단에서 주목해야 하는 단어는 "…처럼 보이는"이다. 진정으로 서로 반대되는 것들은 없다. 왜냐하면 여기에는 반대할 대상이 전혀 없기 때문이다. 이것은 반대쌍을 서로 융화시키는 것이 개별화 또는 개성화의 기반이라는 관념, 즉 내면에 있는 반대쌍인 선과 악을 융화시킴으로써 전체적인 또는 전일한 존재가 된다는 관념을 근거로 한 칼 융Carl Jung의 이론에 대한 대안이다. 융의 이론은 선과 악이 실재이고, 우리 내면에도 실재하는 것으로 인정해야만 한다는 믿음에 기반을 두고 있다. 자아를 아예 부인하는 것은, 자아가 그른 마음 상태이든 바른 마음 상태에 있든 상관없이 에고의 허상을 더욱 강화시킬 뿐이기에, 반대쌍을 융화시키는 과정은 치료에 도움이 될 수도 있다. 하지만 이러한 "융화" 과정은 우리를 이원성의 꿈에서 깨워주지는 않는다. 반대쌍이란 겉모습일 뿐이며, 선과 악을 진실로 융화시키는 방법은 사람들을 서로 반대되지 않고 서로 다르지 않은 자들로, 공통된 관심사와 공통된 목표를 가진 자들로 지각함으로써 선과 악이라는 것이 모두 허상임을 깨닫는 것이다. 서로 반대되는 것은 오직 에고의 사고체계와 성령의 사고체계뿐이며, 우리가 에고의 어두운 죄책감을 성령의 사랑의 빛으로 가져갈 때 에고는 사라진다. 더 나아가 우리는 에고가 사라질 때 성령도 함께 사라지는 것을 보게 되니, 성령은 에고에 대한 교정이자 답이기 때문이다. 일단 문제가 교정되고 질문이 답을 받으면, 성령도 더 이상 필요하지 않게 된다.

이 세상에는 선과 악이라는 "반대쌍"과 곁들어 하나님과 에고, 영과 육신이라는 반대쌍이 있다. 하지만 〈기적수업〉의 가르침은 이원적이지 않다는 것을 명심하라. 바로 그 이유 때문에 여기서 "반대쌍처럼 '보이는' 것들"이란 표현을 쓰는 것이다. 존재하지 않는 것들을 조화시키는 것은 무의미한 일이지만, 우리는 양쪽 극을 확인한 다음 그 너머에 있는 예수의 통합된 비전으로 나아가야 한다. 왜냐하면 판단(혹은 심판)과 참된 지각은 허상의 세상에서 유일하게 의미 있는 반대쌍이기 때문이다. 다시 말하지만 어둠을 빛으로 가져가면, 결정이 내려지는 마음의 제단에 올려진 찬란한 진리 속으로 둘 다 사라진다. 죄책감, 용서, 제단은 사라지며, 그 뒤에는 반대쌍으로 이루어진 에고의 세상을 초월한 실재로서 오직 천국의 지식만이 남는다.

이제 변함없고, 확실하며, 순수하고, 완전하게 이해될 수 있는 하나님의 지식이 자신의 왕국으로 들어간다. 거짓 지각도 참된 지각도 한꺼번에 사라진다. 용서도 사라진다. 왜냐하면 용서도 임무를 다했기 때문이다. 육체도 하나님의 아들에게 봉헌된 제단을 비추는 찬란한 빛 안에서 사라진다. 하나님은 그 제단이 아들에게 봉헌된 것이자 당신에게 봉헌된 것임을 아신다. 그리스도의 얼굴이 시간의 마지막 순간을 비추어 사라지게 했으니 여기서 하나님과 아들은 결합하고, 이제 세상을 보는 마지막 지각은 목적도 원인도 없어진다. 하나님에 대한 기억이 마침내 도달한 곳에는 여행이 없고, 죄가 실재라는 믿음도 없으며, 벽도 육신도 없고, 죄책과 죽음으로의 음산한 끌림도 영원히 소멸되기 때문이다(C-4.7).

그 온화한 빛은 모든 것을 다른 관점에서 보여주며, 지식에서 비롯된 사고체계를 반영하여 하나님께 돌아가는 것을 가능하게 할 뿐 아니라 불가피하게 한다.

그리스도의 비전도 허상임을 명심하라. 그리스도의 비전은 천국의 **하나임**을 나타내는 상징일 뿐이다. 하지만 그것은 모든 허상을 해제시키고 지식, 즉 영원히 불변하는 **자아**에서 일어난 통합된 사고체계를 반영하는 최후의 허상이다. 그러므로 다른 관점에서 보자면 비전은 모든 것이 분리되어 있는 지각의 세상을 밝게 비춰주며, 이기적이고 독립적이고 분열된 관심사나 이익이 아니라 공통된 관심사 또는 이익을 나타낸다. 그렇기에 예수는 연습서에서, 그리고 〈기적수업〉을 통틀어 자신의 가르침을 구체적으로 연습하라고 청한다. 우리가 모든 이들을 같다고 지각하는 경우가 얼마나 드문지 관찰해보는 것이 연습에 유익하다. 여기서 같다는 말은 알고 있는 모든 사람들에게 같은 분량의 시간을 투자하거나, 그들 모두를 같은 방식으로 사랑한다는 형태상으로 동등하다는 지각이 아니라, 우리 곁에 없는 이들을 제외하거나 나쁘게 판단하지 않는 내용상으로 동등한 지각을 말한다. 그런 방식으로 연습하면 비전의 부드러운 빛이 "모든 것을 다른 관점에서 보게 해줄 것이다."

헬렌과 빌이 각자의 분리된 관심사를 옆으로 비켜두고 거룩한 순간 안에서 결합하였을 때, 구체적으로 말하자면 빌이 "분명 다른 길이 있을 것이요."라고 말하고 헬렌이 거기에 동의하였을 때, 그들은 하나의 목적을 공유했다. 그리하여 그들이 요청한 답으로서 〈기적수업〉이 탄생될 수 있었다. 그들은 다른 모든 분야에서는 서로 부딪혔지만 수업에 관해서는 결코 다투지 않았다. 수업에 연관된 일을 할 때만은 각자의 에고를 옆에 치워두고 수업을 세상에 소개하는 목적을 공유했기 때문이다. 이것이 바로 예수가 말하는 "다른 관점"이다. 그것은 지식에서 일어난 하나된 상태를 반영하며, 지식에 대한 기억이 우리의 분열된 마음속에 이미 내재되어 있기에 우리는 하나된 상태가 되기로 선택할 수 있는 것이다. 하나님에게 돌아가는 것이 가능할 뿐 아니라 불가피한 이유는 바로 이 때문이다. 그러나 우리는 우리가 그런 일이 일어나기를 얼마나 원하지 않는지를 인식해야만 그런 일이 일어날 수 있음을 기억해야 한다. 이를 인식하면 하나님에게로 돌아가는 수단을 언젠가는 받아들이게 될 것이 보장된다.

"하나님께 돌아간다"는 것은 꿈에서 깨어난다는 것을 의미하며, 깨어나는 수단은 용서의 기적, 즉 분리된 관심사들 대신 공통된 관심사를 보는 것이다. 우리가 판단하고 있음을 반드시 인식해야 한다는 조언은 아무리 반복해도 지나치지 않다. 우리는 고통에 빠진 사람들에게서 도와달라는 요청을 듣는 대신 그들을 판단하고 잘못을 찾아내어 공격하기로 선택하며, 그들의 괴로운 비명이 들리지 않도록 귀를 막아버린다. 그러한 소리에 귀 기울이는 것을 허락할 때 우리는 모든 이들이, 즉 선한 자와 악한 자, 피해자와 가해자 모두가 고통을 겪고 있음을 깨닫는다. 그리스도의 비전이 우리에게 보여주는 것은 바로 이것이며, 성령의 음성이 우리에게 말해주는 것도 바로 이것이다. 그리하여 우리는 사람들에게서 도와달라는 요청을 보고 듣게 되며, 그들 모두에게 우리의 마음을 전한다.

〈기적수업〉은 우리를 이 경험으로 인도하여, 하루하루가 그리스도의 비전을 통해 형성될 수 있게 해준다. 그러므로 우리는 다른 이들에게서 지각된 괴로움에 공감하지 않고, 그 대신 그들이 앓고 있는 고통을 용서의 부드러운 손길로 감싸준다. 우리의 고통은 우리가 이 세상에 속하지 않음을 무의식적으로나마 인지하고 우리의 진정한 고향이 어디인지 모른다는 인식에 기인한다. 우리가 알고 있는 것이라고는 몸이라는 썩어가는 감옥뿐이며, 앞에서 언급한, 절벽을 향해 전속력으로 돌진하고 있는 자동차란 바로 이 몸을 두고 한 말이었다. 운전자인 우리는 차가 절벽으로 돌진하는 동안에도 불가피한 결말을 막아주는 방법을 설명해주는 음성을 여전히 두려워한다. 구체적으로 설명하자면, 여기에서 예수의 가르침은 모든 이들이 우리와 함께 차를 타고 있음을 인식하는 것이 죽음을 향한 자동차를 멈추는 방법이라는 것이다. 예수는 사랑받을 자격이 없다고 믿는 모든 이들에게서 사랑을 달라는 부름을 보는 자신의 비전에 대한 우리 자신의 저항을 극복하라고 우리에게, 우리와 함께 간청한다.

> 불의로 여겼던 행위는 이제 도움과 합일을 구하는 요청이 된다. 죄와 질병과 공격은 온유와 사랑을 통해 치유되어야 할 잘못된 지각으로 보인다.

바뀌는 것은 우리의 감각기관들이 전하는 자료에 대한 해석뿐이다. 감각기관들이 아무리 왜곡되어 있어도, 우리는 그리스도의 비전을 통해 모든 이들을 보며 그 누구도 우리의 용서에서 제외시키지 않는다. 우리 자신이나 다른 사람이 부당한 대우를 받았다고 지각하는 것은 우리가 잘못된 음성에 귀를 기울였음을 보여주는 표시이다. 왜냐하면 성령은 질병과 공격 안에서 오직 도움과 결합을 청하는 부름을 보라고 가르치기 때문이다. 고통에 빠진 그 부름은 다음과 같이 외친다. "제발 도와 달라. 나는 공격만이 고통에서 빠져나가는 방법이라고 알고 있다. 하지만 공격하면 더 심한 고통을 겪게 될 뿐이다. 제발 나에게 다른 길을 보여 달라." 우리는 도움을 주는 자가 되겠다고 선택만 하면 도움을 줄 수 있으나, 다른 이들의 탓으로 돌리기 위해 우리 자신의 고통을 간직하는 한 고통의 외침을 듣지 못한다.

우리가 존재한다는 것 자체가 고통에 의존한다는 것은 확실하며, 우리는 그 때문에 고통을 붙들고 있기를 끝없이 고집한다. 몸은 마음이 시달리는 죄책감의 고통에서 관심을 다른 곳으로 돌리기 위해 고통을 느끼도록 만들어졌으므로, 예수는 수업 전체를 통틀어 몸은 괴로움에 시달리지 않는다는 점을 강조한다. 몸은 우리가 꼭두각시 인형이라 부르는 생명 없는 나무조각처럼 아무것도 느끼지 않는다. 마음은 몸에게 다음과 같은 메시지를 전한다. "네가 이렇게 주장할 수 있도록 고통을 느끼라. '형제여, 나를 보라. 그대의 손에 내가 죽는다.'" 이런 식으로 우리는 고통에 시달리라는 지시를 받으며, 이는 우리의 죄에 대해 하나님이 다른 사람에게 형벌을 내리기만 한다면 얼마든지 치를 수 있는 대가이다. 이를 설명하는 한 예로서 교과서 끝부분에 실린 불타는 듯이 강렬한 메시지가 담긴 구절을 읽어보자.

> 네가 무엇에든 상처받을 수 있다면, 그것은 숨겨진 너의 염원을 나타내는 그림을 보는 것이다. 그뿐이다. 네가 겪는 모든 고통 속에서 너는 죽이고 싶다는 너 자신의 숨겨진 욕망을 본다(T-31.V.15:8-10).

우리는 하나님이 형제들의 죄에 대한 처벌로 그들을 파괴시켜주기를 원한다. 우리가 입은 상처는 그들이 우리에게 죄를 지었음을 보여주는 증거이다. 우리는 훗날 다른 사람들이 지옥으로 보내졌을 때 구원을 우리 것으로 삼기 위하여 지금 기꺼이 괴로워한다. 우리는 '이것 아니면 저것, 즉 둘 중 하나'라는 원리를 따르기에, 하나님이 그들을 지옥으로 데려가면 우리는 살려둘 것이라는 결론에 도달한다. 그런 다음 우리는 하나님께 우리가 다쳤음을 증언할 사람들을 최대한 많이 끌어 모아, 학대와 굴욕과 배신을 당한 우리에게 하나님이 동정심을 느끼도록 만들려고 한다. 불의의 지각은 우리가 겪는 고통으로 인해 더욱 강화되며, 바로 그 지각이 집으로 돌아가겠다는 선택을 내리지 못하게 방어하는 에고의 주요 무기가 된다.

공격이 없다면 방어도 필요 없기에, 방어를 내려놓게 된다.

앞에서 다루었던 내용을 다시 떠올려보자면, 방어가 있는 이유는 우리가 우리 자신이라고 여기는 작은 자아를 방어해야 한다고 믿기 때문이다. 이 작은 자아는 공격을 통하여 존재하게 되었으므로 우리는 우리 자신이 공격으로 인해 상처받을 수 있다고 느끼며, 그래서 그 자아를 자기 자신으로부터 보호해야 한다고 여긴다. 우리가 알고 있는 것은 우리를 고난에 빠뜨렸던 공격이 전부이기에, 우리에게 있어서 가장 효율적인 방어는 공격하는 것이다. 이것이 에고 체계의 빈틈없는 본성이니, 그 체계 속에서는 마치 끝없이 이어지는 듯한 증오의 순환에서 빠져나올 방법이 없기 때문이다. "나는 공격을 통해 나의 고통스러운 죄책감을 제거하며, 공격하면 더 깊은 죄책감에 시달리게 되고, 그래서 또 공격한다. 그리하여 공격이 나에게 돌아올 것이라는 느낌은 불가피한 것이 되며, 나는 또다시 방어를 필요로 하게 된다. 죄책감-공격의 순환은 이와 같이 공격-방어 순환으로 이어진다. 내가 상대방을 공격할 때 나는 상대방도 나를 공격할 것이라고 믿는다. 나에게 공격이 돌아올 것이라고 내가 믿기에, 상대방이 실제로 공격을 가하든 가하지 않든 그것은 상관없다. 따라서 죄책감은 공격으로 이어지고, 공격은 방어로 이어지며, 계속해서 공격하는 것과 더욱 극심한 죄책감에 빠지는 것이 그 방어막이다. 우리는 고통을 견딜 수 없어 도와달라고 외치게 될 때까지 이 정신 나간, 잔혹한 사고체계를 계속해서 순환시킨다.

우리가 진정 무슨 일이 일어나고 있는지 깨닫고 그것을 더 이상 원하지 않는다는 결정을 내릴 때 우리에게 도움이 찾아온다. 하지만 우리는 우리 자신을 에고와 동일시한 데에 따른 고통을 먼저 인식해야 한다. 만약 이를 인식하지 못하면 우리는 에고를 놓아주지 않을 것이기 때문이다. 저항하지 않는 듯이 저항하고 있는 우리는 예수와 거래하여 고통은 줄이고 에고의 분리 사고체계는 계속 간직하려고 노력한다. 하지만 고통을 대가로 치르지 않고는 그 사고체계를 간직할 수는 없다. 오직 우리가 내린 심판, 즉 우리가 옳은 자가 될 수 있도록 다른 이들이 틀렸음을 증명해 보이는 것에 따른 불편함을 경험할 때라야 비로소 다른 관점에서 보는 길이 우리에게 열린다. 그래서 예수는 공격은 구원이 아님을, 옳은 자가 되는 것이 행복을 안겨 주지 않음을, 사람들을 죄책감의 수렁에 빠뜨리는 것은 다만 우리 자신을 같은 수렁에 빠지게 만든다는 것을, 사람들을 잡아먹고 이용하여 그들로 하여금 우리가 원하는 것을 주게 만드는 것이 우리에게 기쁨을 안겨주지 않음을 우리가 볼 수 있도록 도와준다. 우리는 이겼다는 생각에 잠시 환희에 도취될 수 있으나(또 다시!), 그러한 환희의 느낌은 거의 그 즉시 일어나는 죄책감을 대면하게 되며, 죄책감은 우리에게 특별함의 게임을 반복하라고 요구한다. 특별한 관계를 추구하는 것이 헛된 일임을 스스로 인식하는 것만이 더 이상 특별한 관계를 선택하지 않겠다는 동기가 될 수 있다.

**형제는 우리와 함께 하나님께 나아가는 여행을 하므로,
그들에게 필요한 것은 곧 우리에게 필요한 것이다.**

이 구절은 우리가 용서를 하루하루 어떤 방식으로 연습해야 하는지를 훌륭하게 요약하고 있다. 우리의 형제들은 우리가 없이는 여행길에 오르지 못하며, 그들이 없이는 우리도 여행길에 오를 수 없다. 다시 말하자면, 우리가 필요로 하는 것은 같다. 그들이 필요로 하는 것은 곧 우리가 필요로 하는 것이며, 우리가 필요로 하는 것은 곧 그들이 필요로 하는 것이다. 그것은 같은 필요이니, 우리는 모두 같은 생각에서 왔기 때문이다. 우리는 분열된 조각들처럼 보이지만, 이음매 하나 없는 진체이다. 더 정확하게 설명하자면 우리는 제정신이 아닌 전체이다. 하지만 그것은 이음매 없는 전체이니, 왜냐하면 우리는 분열이라는

허상 속에서도 여전히 하나이기 때문이다. 올바른 교사의 지도에 따라 올바른 여행길에 다시금 오를 수 있게 해주는 것은 선한 도둑과 악한 도둑이, 양과 염소가, 〈기적수업〉을 이해하는 자과 이해하지 못하는 자 모두가 같다는 이해, 즉 우리는 같은 존재라는 이해이다. 내용상으로는 모든 이들이 같은 여행길을 걷고 있다. 하지만 우리는 따로 골라낸 몇몇 사람들이 여행길에서 빠져주기를 우리가 얼마나 간절히 원하고 있는지를 인식해야 한다. 우리는 단순히 그들과 함께 한솥밥 먹기를 꺼려하는 것에서 그치지 않는다. 우리는 그들이 우리와 함께 집으로 돌아가는 것을 원하지 않는다. 예수는 그들이 집으로 돌아가지 않으면 우리도 돌아갈 수 없다는 것을 이해하도록 도와준다. 그러므로 모든 이들을 우리와 함께 데려가는 것이 우리에게 있어서 최선의 이익이니, 모든 이들은 우리와 함께 '있기' 때문이다. 사실 모든 이들이 바로 '우리'이다. 만일 이 사실을 부인하고, 부당한 대우를 받았을 때 공격하는 것이 합당하다고 주장함으로써 사실을 부인하는 일을 정당하다고 여기려 한다면, 우리는 길을 잃게 되고 고통을 겪을 수밖에 없게 된다.

예수는 교과서를 통해 우리에게 다음과 같이 설명한다.

> 너는 모른다. 아무런 판단 없이 자신과 형제를 만나는 데서 오는 그 엄청난 해방과 깊은 평화를(T-3.VI.3:1).

우리가 판단을 붙들고 있는 데에 따른 고통이 얼마나 심각한지 모른다는 것도 진실이다. 평화가 그토록 좋게 느껴지는 이유는 바로 그 때문이다. 고통이 멈추었기에 그런 것이다. 우리는 교과서에 설명된 바와 같이 우리가 집으로 **"함께 가든지, 아니면 아무도 안 간다는"**(T-19.IV-D.12:8) 것을 깨달아야 한다. 여기서 "함께"라는 표현은 우리 자신과 우리가 형제라고 여기는 특별한 사랑이나 특별한 증오의 대상들만 가리키는 것이 아니라, 언제 누가 되든 우리가 제외시키려는 모든 이들을 가리킨다.

> 우리가 없다면 그들은[우리 형제들은] 길을 잃을 것이요, 그들이 없다면 우리도 결코 우리의 길을 발견할 수 없을 것이다.

우리가 가장 제외시키고 싶은 자들이 곧 우리의 구원자들이니, 우리는 그들에게 우리의 "은밀한 죄와 감춰진 증오"(T-31.VIII.9:2)를 투사했기 때문이다. 우리는 마음의 지하 무덤에 묻어두었던 죄책감을 우리가 증오하는 자들 안에 옮겨 놓았다. 그러므로 그들은 우리가 빛으로부터 무엇을 숨겨두었는지 볼 수 있는 기회를 제공해준다. 우리는 우리가 얼마나 투사를 놓아주기를 꺼려하는지 인식하기만 하면 된다. 우리가 해야 할 것은 그것뿐이다. 우리는 우리 자신을 치유할 필요가 없고, 거룩한 존재가 되려고 노력할 필요가 없으며, 지구상 모든 형제들과 함께 집으로 향한 여행길에 오르는 것을 상상할 필요도 없다. 오히려 우리는 우리가 그런 여행길에 오르기를 원하지 않는 것을 이해해야 하니, 사실 우리는 이미 그들과 함께 여행길을 걷고 있기 때문이다. 그러므로 우리는 사실에 대한 인식을 방해하는 장애물들을 제거하는 데에 초점을 맞춰야 하며, 따라서 우리가 얼마나 사람들과 함께 집으로 돌아가는 것을 꺼려하는지 떠올린 다음 그러한 우리 자신을 용서할 수 있어야 한다. 예수의 역할은 예수를 우리의 교사로 받아들이지 않겠다고 결정한 우리 자신을, 우리와 함께 가자며 모두를 초대한 예수를 원치 않는 우리 자신을 공격하지 않도록 도와주는 것이다. 우리가 이러한 판단들을 용서할 수 있다면 우리 마음을 사로잡고 있던 냉정함은 사라지며, 우리는 모든 이들이 진실로 우리와 함께 걷고 있음을 알게 될 것이다. 우리는 다행스럽게도 형제들을 여행길로 데려올 필요가 없었다. 우리는 형제들을 보기 위해 눈을 떴을 뿐이다. 그리하여 그들도 눈을 뜰 수 있도록 도움을 받는다.

12문단

용서의 필요성을 상상조차 할 수 없는 천국에서는 용서에 대해 알지 못한다.

위에 나온 구절도 〈기적수업〉이 전하는 주요 가르침 중 하나라고 할 수 있다. 예를 들어, 연습서에서는 다음과 같은 구절이 실려 있다.

하나님은 결코 정죄定罪한 적이 없기에, 용서하시지 않는다 (W-pI.46.1:1).

용서는 에고를 선택한 우리에게 적용되는 교정이며, 우리는 그 과정을 통해 분리의 허상들을 용서하며, 분리의 허상은 천국에는 존재하지 않는다.

하지만 이 세상에서는 우리의 모든 실수를 바로잡는 용서라는 교정이 반드시 필요하다.

우리의 실수들이란 하나의 실수를 가리킨다. 우리가 혼자 지내면서 우리의 이기적인 욕구를 충족시키기 위해 살해하는 것이 더 낫다는 생각, 즉 '이것 아니면 저것, 둘 중 하나'라는 원리가 그 실수이다. 용서는 그 원리가 모든 이들이 살아가는 삶의 전제임을, 그러한 전제를 기반으로 살아가는 것이 우리에게 기쁨도 행복도 안겨주지 않는다는 것을 알아차리도록 도와준다. 그런 전제가 어떻게 우리에게 기쁨과 행복을 줄 수 있겠는가? 전쟁터에서의 삶은 행복하지 않고, 안전하지 않으며, 안식과 평화를 안겨주지 않는다. 왜냐하면 우리는 항상 적을 경계해야 하기 때문이다. 하지만 그것은 '우리'의 전쟁터, '우리'의 꿈, '우리'의 죄가 일궈낸 '우리'의 적이다. 그것은 우리 것이기에 우리는 그것을 변화시킬 수 있으며, 이것이 바로 용서가 우리에게 가르치려는 메시지이다.

> 용서를 건네는 것만이 용서를 갖게 되는 유일한 길이니, 용서는 주는 것과 받는 것이 같다는 천국의 법칙을 반영하기 때문이다.

주는 것과 받는 것은 같다. 왜냐하면 나는 오직 나 자신에게 주고 오직 나 자신을 위해 받기 때문이다(W-pI.126). 내가 만일 상대방에게 죄를 준다면 나는 그것을 내 안에서 강화시키니, 내가 상대방에게 주는 것은 내 마음 안에서 먼저 실재화한 나의 죄이기 때문이다. 하지만 만일 내가 용서를 확장한다면 그것은 나 자신 안에서 죄를 지각하지 않았고 따라서 상대방 안에서 죄를 지각하지 않았기 때문이다. "투사가 지각을 만든다."는 것을 기억하라. 그러나 만일 내가 상대방의 죄를 용서하면서도 여전히 죄가 실재라는 믿음을 간직한다면, 나는 그 무엇도 용서하지 않은 것이다. 즉 나는 '파괴를 위해 용서한 것'이다. 용서는 오직 모든 이들을 예외 없이 포함할 때 진정한 용서이다. 우리 자신을 포함해서 그 누구라도 제외시키는 용서

는 용서일 리가 없다. 왜냐하면 그러한 용서는 우리가 분리되어 있다는 에고의 생각을 교정하지 않기 때문이다.

> 천국은 하나님의 모든 아들들이 하나님이 창조하신 대로 존재하는 자연스러운 상태다. 천국이 그들의 영원한 실재다. 천국은 잊혔다고 해서 변하지 않았다.

비록 속죄라는 용어 자체는 여기서 쓰이지 않지만, 위에 나온 구절은 속죄의 원리가 무엇인지 묘사한다. 천국은 우리가 천국을 잊었어도 흔들리지 않았으며, 성자단의 하나인 상태는 변하지 않았다. 우리는 비록 눈을 감고 있지만, 여전히 함께 집을 향해 걷고 있다. 그러므로 예수가 "천국은 하나님 아들 모두의 자연스러운 상태"라고 말할 때 그는 우리의 **하나임**을, 즉 하나님께 여러 아들들이 있는 것이 아니라 오직 한 아들, 즉 독생자가 있음을 가리킨다. 여럿이 있다는 허상은 여전히 남아있으니, 우리의 세상은 다양성의 세상이기 때문이다. 하지만 우리가 분리되어 있는 듯이 보이는 사람들을 만날 때마다 용서를 연습하고 우리의 관심사가 분열되어 있는 것이 아니라 같다는 것을 깨달아가면서, 허상은 부드럽게 우리의 **하나임** 속으로 사라진다.

제 3 장

여행의 끝 - 용서받은 세상

13문단

마지막 문단은 서문 전체를 아름답게 매듭짓는다. 이번 문단에서는 지금까지 토론했던 모든 주제들을 하나로 융합시켜, 교과서에 실린 아름다운 절 제목(T-17.II)이기도 한, 용서받은 세상에 대한 설명과 함께 막을 내린다. 용서받은 세상 또는 실재 세상은 에고를 완전히 해제했을 때, 즉 우리가 우리 자신을 위해 **속죄**를 받아들였을 때 달성된다. 꿈속의 유일한 사실, 즉 모든 이들이 우리와 함께 걷고 있다는 것을 깨달을 때 우리는 용서받은 세상으로 인도된다. **속죄**를 받아들이기로 선택하는 것이 마음이 내렸던 유일하게 실제적인 선택이었으며, 그러한 선택을 내린 우리는 용서받은 세상으로 들어간다. 천국의 문 앞에서 우리는 잠시 멈추어 안식을 취하며, 그때 죄책감과 용서와 여행길이라는 꿈은 사라지고 오직 우리가 결코 떠난 적이 없는 **사랑**만이 남는다. 이제 우리는 이 책의 결말 문단에 도달했으며, 이것으로 서문과 함께 했던 〈기적수업〉에 대한 준비 여행길은 끝난다.

> 용서는 우리를 기억으로 이끄는 수단이다. 용서를 통해 이 세상의 사고가 역전된다. 용서받은 세상은 천국으로 들어가는 문이 되니, 그 세상의 자비로움에 의해 마침내 우리는 우리 자신을 용서할 수 있기 때문이다. 어느

누구도 죄의 포로로 잡아두지 않음으로써 우리는 자유로울 수 있다. 모든 형제 안에 있는 그리스도를 인정할 때, 우리는 우리 안에 있는 그리스도의 현존을 인식한다. 우리의 잘못된 지각을 모두 잊고, 과거의 그 무엇에도 얽매이지 않을 때, 우리는 하나님을 기억할 수 있다. 하나님을 기억하면 더 이상 배울 것이 없다. 우리가 준비되면 하나님께 돌아가는 마지막 발걸음은 하나님께서 친히 떼실 것이다.

기적수업의 유래

  기적수업은 두 사람이 공동의 목표를 위해 함께하기로 갑자기 결정하면서 시작되었다. 그들은 뉴욕 콜롬비아 의과대학의 임상심리학 교수였던 헬렌 슈크만과 윌리엄 테트포드다. 그들은 결코 영적인 사람들이 아니었다. 그들은 서로에 대해 힘들어 하고 종종 불편한 관계에 처하기도 했으며, 개인적으로 인정받거나 전문가로서 더 나은 지위를 얻는 데 관심이 많았다. 그들은 대체로 세속적인 것을 추구했으며, 그들의 삶은 수업이 주장하는 것과 거리가 멀었다. 자료를 받아 적은 헬렌은 자신에 대해 이렇게 설명한다.

  나는 심리학자이자 교육자로서 매우 권위 있는 학술 기관에서 일했습니다. 보수적인 이론가이고 무신론자였지요. 그런데 전혀 예기치 못한 일련의 사건을 촉발하는 일이 일어났습니다. 우리 학과의 학과장이 우리의 분노와 공격적인 태도에 지쳤다며 "분명 다른 길이 있을 것이오."라며 말을 마쳤던 것입니다. 나는 마치 그 말이 떨어지기를 기다렸다는 듯이 그를 도와 그 길을 찾겠다고 했습니다. 기적수업은 분명 그 다른 길입니다.

  비록 그들은 진지했지만 이 모험을 시작하기까지는 상당한 어려움이 있었다. 그러나 그들은 '작은 용의'를 성령께 드렸고,

수업이 누누이 강조했듯이 그것만으로도 성령에게는 모든 상황을 그의 목적을 위해 활용하고 거기에 자신의 권능을 제공하기에 충분했다.

수업을 받아 적은 헬렌의 이야기를 이어가자면,

실제로 기록을 시작하기 전 석 달 동안 놀라운 일들이 일어났습니다. 빌이 그 당시 내가 경험하는 매우 상징적인 꿈들과 기이한 영상들을 기록해보라고 제안했습니다. 그 무렵 나는 그런 예상치 못한 일들에 꽤 적응이 되었음에도 "이것은 기적 수업이다."라고 썼을 때는 깜짝 놀랐습니다. 그것이 이 음성에 입문하는 서막이었습니다. 음성은 소리를 내지는 않았지만 마치 내면에서 빠른 속도로 불러주는 듯했고, 나는 그것을 속기 노트에 받아 적었습니다. 나의 속기는 손이 저절로 움직여 받아 적는 것이 아니었습니다. 나는 언제든지 받아적기를 중단했다가 나중에 다시 이어서 적을 수 있었습니다. 기록 작업은 내게 매우 불편했지만 나는 그 일을 그만둘 것을 진지하게 고민한 적은 없었습니다. 그것은 마치 내가 완수하기로 언젠가 합의했던 특별한 과제처럼 여겨졌습니다. 그 작업은 빌과 내가 진정으로 협력한 모험이었고, 나는 우리의 진정한 협력에 모험의 의의가 있다고 확신합니다. 음성이 '말한' 것을 받아 적어 다음 날 빌에게 읽어주면, 빌은 타자를 쳐서 자료로 남겼습니다. 나는 빌에게도 특별한 과제가 있었다고 생각합니다. 빌의 격려와 도움이 없었다면 나는 결코 이 과제를 완수할 수 없었을 것입니다. 전체 작업에는 약 7년이 걸렸습니다. 교과서를 제일 먼저 받아 적었고, 다음으로 학생용 연습서를, 마지막으로 교사용 지침서를 받아 적었습니다. 자료를 수정한 부분은 매우 미미합니다. 교과서에 각 장의 제목과 부제목을 달았고, 초기에 있었던 일부 지극히 개인적인 내용은 생략했습니다. 그 외에는 대체로 바뀌지 않았습니다.

기적수업의 기록에 참여한 공동 작업자의 이름은 책 표지에 실리지 않는데, 이는 수업이 <u>스스로</u> 설 수 있고 <u>스스로</u> 서야 하기 때문이다. 기적수업은 또 하나의 이단 종파의 기초가 될 의도로 주어지지 않았다. 기적수업은 사람들에게 자신의 내면에서 교사를 찾는 길을 제공하는 것을 유일한 목표로 삼는다.

기적수업의 구성

　제목에서 알 수 있듯이 기적수업은 전체가 학습 교재로서 705쪽의 교과서, 507쪽의 학생용 연습서, 94쪽의 교사용 지침서 세 권(합본에는 용어 해설, 심리 치료, 기도의 노래가 추가되었음)으로 구성되어 있다. 기적수업을 공부하는 학생은 자신의 취향과 필요에 따라 어떤 책을 먼저 공부하고 어떤 방식으로 공부할 것인지 정하면 된다.

　기적수업은 이론과 실천이라는 두 가지 측면에서 세심하게 고안된 교육과정을 단계별로 설명해 나간다. 기적수업은 이론보다는 적용을, 신학보다는 경험을 강조한다. 기적수업은 "보편적인 신학은 불가능하지만, 보편적인 경험은 가능할 뿐 아니라 반드시 필요하다(지침서, 79쪽)."라고 구체적으로 서술하고 있다. 기적수업은 비록 기독교 문체로 쓰였지만 보편적인 영적 주제를 다루고 있다. 기적수업은 이것이 보편적 교육과정 중의 하나일 뿐이라는 점을 강조한다. 수많은 다른 길이 있으며 기적수업은 형식만 다를 뿐이다. 모든 길은 결국 하나님에게 인도한다.

　교과서는 주로 이론을 다루며 기적수업이 제시하는 사고체계의 바탕이 되는 개념들을 설명한다. 연습서의 각 과제는 이 관념들을 기반으로 한다. 연습서가 제시하는 실용적인 적용이 뒷

받침되지 않는다면 교과서는 추상적인 이론에 그쳐, 수업이 목표하는 사고의 역전을 일으키지 못할 것이다.

연습서는 365과로 구성되어 있으며, 일 년 동안 하루에 한 과씩 실습한다. 하지만 한 과를 하루 동안만 연습해야 하는 것은 아니다. 더러는 특별히 끌리는 과가 있어 여러 날 연습하고 싶을지도 모른다. 지시 사항은 하루에 여러 과를 연습하지 말고 한 과를 연습하라는 것뿐이다. 연습서의 특성은 실용성이며, 이는 영적 목표에 전념하기보다는 적용해서 경험하기를 강조하는 연습서의 서문에서 잘 드러난다.

연습서에 제시된 일부 관념은 믿기 어렵고, 일부는 깜짝 놀랄 만한 것일 수도 있다. 그런 것은 중요하지 않다. 너는 다만 지시대로 적용하기만 하면 된다. 네게 이 관념들을 판단하라는 것이 아니다. 다만 이 관념들을 적용하라고 청할 뿐이다. 관념을 사용할 때 네게 그 관념의 의미가 주어지고, 너는 그 관념들이 진실임을 보게 될 것이다.

이 한 가지만 기억하라. 너는 이 관념들을 믿을 필요도 없고, 수용할 필요도 없으며, 환영할 필요조차 없다. 너는 어떤 관념에 대해서는 적극적으로 저항할지도 모른다. 그러한 것은 전혀 문제되지 않으며, 연습의 효과를 떨어뜨리지도 않는다. 그러나 연습서에 나오는 관념을 예외 없이 적용하고, 네가 그 관념들에 어떤 반응을 보이든 상관없이 사용해야 한다. 준수 사항은 그것뿐이다(연습서, 2쪽).

끝으로 문답 형식으로 이루어진 교사용 지침서는 학생들이 가장 궁금해할만한 몇 가지 질문에 대한 답을 제공한다. 또한 기적수업이 사용하는 용어들을 명확히 정의하고 교과서의 이론적 틀 안에서 설명하는 용어 해설도 수록했다.

기적수업은 최종의 가르침이라 자처하지 않으며, 연습서의 과제도 배움의 완성을 목적으로 하지 않는다. 결국 독자는 내면의 교사에게 맡겨지며, 그가 나머지 학습을 적절하게 이끌 것이다. 기적수업의 범위가 포괄적이기는 하지만 연습서 말미의 설명에서도 분명히 알 수 있듯이 진리는 정형화된 형식으로 제한될 수 없다.

이 수업은 시작이지, 끝이 아니다...더 이상 구체적인 가르침은 필요 없기에 더 이상은 주어지지 않는다...이제부터는 오로지 하나님을 대변하는 음성만을 들으라...성령이 너의 노력을 지도할 것이며, 무엇을 하고 어떻게 너의 마음을 이끌며, 언제 침묵 속에서 성령의 확실한 방향과 말씀을 청하면서 성령께 나아가야 할지 정확히 말해 주리라(연습서, 506쪽).

기적수업 참고 색인

교과서

T-in.1:6	34	T-17.II	176
T-in.1:7	34	T-17.III.7:3	122
T-1.IV.3:1	114	T-17.IV.2:3	130
T-3.I.4:2	91	T-17.IV.7:1	64
T-3.I.8:2	40	T-18.II.6-7	130
T-3.VI.3:1	169	T-18.VI.1:5-6	110
T-3.VI.10:2	28	T-18.VI.3:1	122
T-4.in.3:1	37	T-18.VIII.1:2	138
T-5.VI.3:5; 4:1-2	79	T-18.VIII.1:5-7	77
T-5.VI.10:6	74	T-18.VIII.3:4	90
T-5.VI.11:6	156	T-18.IX.5	108
T-6.V-C	103	T-18.IX.14:1	40
T-8.VI.9:6	39	T-19.II,III	114
T-8.VI.9:7	39	T-19.IV-A.12-15	107
T-10.I.2:1	69	T-19.IV-C.11:2-3	32
T-12.VIII	153	T-19.IV-D.6:6	40
T-13.V.3:5	47	T-19.IV-D.12:8	170
T-13.V.10:1	45	T-20.III.7	139
T-14.I.2,5	144	T-20.VIII.4:8	142
T-14.II:1	156	T-21.in.1:1	46, 87
T-15.V:5	130	T-21.in.1:5	60, 115, 144
T-15.VII.4:6	127	T-21.in.1:7-8	47
T-15.XI.10:11	148	T-22.III.3-5	108

T-22.III.6:7   46
T-23.I.2:7   143
T-23.II.2   24
T-23.II.4-8   77
T-24.II.4:3-6   151
T-24.VII.1:11; 10:9   157
T-24.VII.8:8-10   101
T-24.VII.8:10   115
T-25.I   80
T-25.I.7:1   53, 78
T-25.I.7:4   78
T-26.I.8:3   110
T-26.V.5:4   20, 132
T-26.VIII.1:3   35
T-26.IX.6:1   129
T-27.I.4:6   119
T-27.III   77

T-27.VII.7:4   61
T-27.VIII.6:2-3   31
T-27.VIII.9   108
T-27.VIII.10   86
T-27.VIII.10:6   71, 100
T-28.I   80
T-28.V.4   133
T-28.VI.1-2   133
T-29.V   88
T-30.VIII   88
T-31.V.2-3   102
T-31.V.14:3   54
T-31.V.15:8-10   165
T-31.VIII.9:2   170
T-31.VIII.12:5   111
T-31.VIII.12:8   14

학생용 연습서

W-pI.46.1:1   172
W-pI.49   153
W-pI.92.1-3   133
W-pI.93   102
W-pI.93.1:1   102
W-pI.126   173
W-pI.132.6:2-3   93
W-pI.132.12:4   31, 53
W-pI.136.5:2   154

W-pI.137   133
W-pI.153   65
W-pI.169.5:4   27, 33
W-pI.170.8:7   127
W-pII.1.2:3   102
W-pII.1.4:1,3   152
W-pII.3.2:1,4   94
W-pII.294   146
W-pII.13.1:3   108

교사용 지침서

M-4.I-A   39
M-5.X.3:7   82
M-8.3-4   133

M-17.4:1-3   92
M-21.1:7   54
M-21.1:9-10   54

용어해설

C-in.3:1   54

C-4.7   160

기도의 노래

S-2.I,II 99

하나님의 선물 〈The Gifts of God〉

"Gifts of God, The"(prose poem). The Ending of the Dream(p. 121) 75

Foundation for A COURSE IN MIRACLES ®
기적수업 재단 소개

케네쓰 왑닉은 1968년 아델피 대학 Adelphi University에서 임상 심리학 박사 학위를 수여 받았다. 그는 〈기적수업〉을 받아 적는 과정에 직접 관여한 두 사람, 헬렌 슈크만과 윌리엄 테드포드의 절친한 친구이자 동료였다. 케네쓰는 1973년부터 〈기적수업〉에 관여하기 시작했다. 그는 〈기적수업〉에 대한 책을 냈고, 〈기적수업〉의 원리를 사람들에게 가르쳤으며, 심리치료에도 적용했다. 그는 〈기적수업〉을 출판한 〈내면의 평화 재단 Foundation for Inner Peace〉 이사회 임원이기도 하다.

1983년, 케네쓰는 아내 글로리아와 함께 〈기적수업 재단 Foundation for A Course In Miracles〉을 설립했으며, 재단은 그 다음 해 뉴욕 크롬폰드 New York Crompond에 교육 및 재활 센터로 급속히 성장하였다. 1988년에는 뉴욕 주 북부에 〈학술 및 치유 센터 Academy and Retreat Center〉를 설립했으며, 1995년에는 뉴욕주 교육 위원회 New York State Board of Regents 가 승인한, 〈기적수업을 통해 얻는 내면의 평화 Institute for Inner Peace through ACIM〉 교육 기관을 창건했다. 2001년, 재단은 캘리포니아주 테메큘라로 이전했으며, 이제는 전자통신을 활용한 교육에 초점을 맞추고 있다. 재단은 "등대Lighthouse"란 분기별 소식지를 발행, 무료로 공급하고 있다. 다음은 케네쓰와 글로리아가 본 재단의 비전이다.

〈기적수업〉을 공부하고, 심리 치료에 그 원리를 적용하고 가르치기 시작한지 얼마 되지 않았을 때에도, 또한 〈기적수업〉 교육 방침 및 기관 행정업무에 있어서도, 이미 〈기적수업〉의 사고 체계를 이해하기란 쉽지 않다는 것을 명백하게 알 수 있었다. 〈기적수업〉의 가르침을 지적으로 이해하는 것도 어렵지만, 그 가르침을 일상생활에 적용하기는 특히나 어렵다. 따라서 〈기적수업〉을 가르치기 시작한지 얼마 되지 않아 〈기적수업〉은 교육 과정을 통해 터득해야 하는 가르침으로 보였다. 그 과정이란 매일 사람들을 만날 때마다 그것을 성령의 가르침을 배울 기회로 삼을 수 있는 것처럼, 계속해서 학습하는 과정이다. 여기에 대해서는 교사용 지침서 첫 부분에서 더 상세하게 다루고 있다.

언젠가 헬렌과 나(케네쓰)는 〈기적수업〉을 사람들에게 알리는 방법에 대해 이야기를 나누게 되었다. 그때 헬렌은 비전에서 꼭대기에 금 십자가가 세워진 하얀 사원의 모습을 한 교육 센터를 봤다고 했다. 물론 그 사원이 상징적인 것임에 분명했지만, 우리는 그 비전이 우리가 어떤 교육 센터를 세워야 할지 보여준다고 여겼다. 우리가 세울 교육 센터는 예수와 〈기적수업〉에 담긴 그의 메시지를 알리는 장소가 되어야 했다. 누구나 한번쯤은 먼 바다로 빛을 비추는 등대의 모습을 본 적이 있을 것이다. 등대는 빛을 찾는 이들을 불러들인다. 우리에게는 〈기적수업〉이 전하는 용서의 가르침이 바로 그 빛이다. 우리는 재단의 교육 형식과 재단이 계획한 〈기적수업〉의 비전을 선호하는 사람들과 그 가르침을 함께 나누고자 한다.

우리는 예수가 특정한 시기에 특정한 형식으로 〈기적수업〉을 전해준 데에는 분명 몇 가지 이유가 있었을 것이라 믿었고, 그 믿음을 근거로 〈기적수업〉을 어떻게 가르칠 것인가 계획할 수 있었다. 그 이유들이란,

1) 공격이 구원이라고 믿는 마음을 치유해야 할 필요성 : 마음의 치유는 용서를 통해 이루어진다. 용서란 분리와 죄가 실재라는 우리의 믿음을 해제하는 것이다.

2) 예수 및/또는 성령을 우리를 사랑하는 자상한 교사로 삼아, 그들과 개인적으로 가까운 사이가 되는 것이 얼마나 중요

한지를 강조한다.

3) 기독교의 오류 교정 : 특히 괴로움, 희생, 분리, 성찬식 등을 하나님의 구원 계획으로 여기는 오류를 교정한다.

우리는 언제나 플라톤(그리고 그의 스승 소크라테스)과 그의 가르침을 기틀로 삼았다. 플라톤 아카데미는 플라톤의 가르침을 진지하게 공부할 뜻이 있는 사람들이 모이는 곳이었고, 따라서 그의 가르침을 학습하기 좋은 분위기였다. 거기서 가르침을 얻은 사람들은 각자 자기 직장으로 돌아가, 위대한 철학자에게서 배운 것을 적용했다. 우리는 추상적인 철학 관념을 경험과 융합시키는 플라톤의 학교가 〈기적수업〉 교육 센터의 완벽한 본보기라고 여겼다.

우리는 기적수업 학생들이 수업의 사고 체계를 더욱 잘 이해할 수 있도록, 개념상으로 이해할 뿐 아니라 실제로 경험할 수 있도록, 그들에게 도움을 주는 것을 재단의 주요 목적이라고 생각한다. 〈기적수업〉의 가르침을 잘 이해하면 이해할수록 살아가면서 예수의 가르침을 전하는 더욱 더 효율적인 수단이 될 수 있을 것이다. 용서를 경험하지 않은 채 가르치기만 하는 것은 무의미하기에, 재단의 구체적인 목표에는 사람들이 각자 자신의 죄가 용서되었고, 자신이 진실로 하나님의 사랑받는 존재임을 더 확실하게 알아갈 수 있는 과정을 제공하는 것도 포함된다. 사람들이 그 점을 알고 있어야 성령이 그들을 통해 다른 이들에게 하나님의 사랑을 확장할 수 있다.

재단을 캘리포니아주 테메큘라 Temecula, California로 옮긴 것은, 어떤 관점에서 보면 "전자통신 혁명"에 부응한 것이라 할 수 있다. 이곳은 주택가 환경이 아니기에, 우리는 예전처럼 사람들을 직접 만나서 〈기적수업〉을 가르치는 방침에만 초점을 맞추지 않는다. 디지털 형식으로 가르침을 제공함으로써, 요즘 시대 빠르게 확산되어가는 전자 통신을 최대한 활용하고자 노력하고 있다. 이는 더 널리, 더 많은 사람들에게 〈기적수업〉의 가르침을 전달할 수 있게 해준다. 물론 〈기적수업〉의 내용은 여전히 똑같지만, 형태는 21세기에 적응한 것이다.

기적수업 한국모임
http://acimkorea.org

　기적수업 한국모임(구: 내면의 평화 기적수업 스터디)는 2001년 2월 9일 구정희 님과 이희범 님에 의해 프리챌 커뮤니티에서 결성되었습니다. 〈기적수업〉을 함께 번역하면서 공부하자는 취지로 시작된 기적수업 한국모임은 2006년 8월 내면의 평화 재단 한국어 공식번역자로 구정희 님이 선정된 이후 2007년 4월 9일 네이버로 카페를 이전하였고, 2010년 7월 2일 공개 카페로 전환하면서 기적수업 한국모임으로 명칭을 바꾸었습니다.

　기적수업 한국모임은 왑닉 박사님의 지도 아래 번역된 〈기적수업〉 공식 번역본 일부와 〈기적수업〉에 관한 왑닉 박사님의 해설과 유튜브 동영상 등을 제공하며, 각종 세미나와 지역별 오프라인 모임과 온라인 모임 등을 통해 〈기적수업〉을 널리 보급하여 〈기적수업〉의 내용이 왜곡되지 않고 정확히 전달되도록 최선을 다하고 있습니다.